中华传统文化
经典研习系列

杨逢彬 ◆ 著

论语
应该这样读

中华书局

图书在版编目（CIP）数据

论语应该这样读 / 杨逢彬著 . —北京：中华书局 , 2019.1
（2023.4重印）
（中华传统文化经典研习）
ISBN 978–7–101–13298–4

Ⅰ . 论…　Ⅱ . 杨…　Ⅲ . 阅读课－中学－教学参考资料
Ⅳ . G634.333

中国版本图书馆 CIP 数据核字（2018）第 117223 号

书　　　名	论语应该这样读
著　　　者	杨逢彬
丛 书 名	中华传统文化经典研习
责任编辑	李少英
责任印制	管　斌
出版发行	中华书局
	（北京市丰台区太平桥西里 38 号 100073）
	http：//www.zhbc.com.cn
	E-mail：zhbc@zhbc.com.cn
印　　　刷	中煤（北京）印务有限公司
版　　　次	2019 年 1 月第 1 版
	2023 年 4 月第 2 次印刷
规　　　格	开本 / 880×1230 毫米　1/32
	印张 8¾　插页 2　字数 160 千字
印　　　数	10001–13000 册
国际书号	ISBN 978–7–101–13298–4
定　　　价	26.00 元

前言

究竟应该怎么读《论语》

承蒙中华书局厚爱，约我给大家写了这本小册子。目前市面上《论语》注本极多，难免良莠不齐。写这本书的目的，除了让大家对孔子和《论语》有个大致的了解外，还为了大家在选取《论语》的今注本时，心里头有个大致的标准。这样就不至于在琳琅满目的各种注本前徘徊歧路，难以取舍。

王力先生谈到研究古书的一些错误做法时说：

假定这种研究方法不改变，我们试把十位学者隔离起来，分头研究同一篇比较难懂的古典文章，可能得到十种不同的结果。可能这十种意见都是新颖可喜的，但是不可能全是正确的。其中可能有一种解释是正确的，因为它是从语言出发去研究的；但是也可能十种解释全是错误的，因为都是先假设了一种新颖可喜的解释，然后再乞灵于"一声之转"之类的"证据"，那末，这些假设只能成为空中楼阁了。

王先生上面的话，有三点值得注意。一是，如果方法不正确，其研究的结论无论多么"新颖可喜"，"也是建筑在沙滩上的"。二是，这一错误的方法通常是，"先主观地认为他必然有这种思想，从而引出结论说，他既然有这种思想，他这一句话也只能作这种解释了""先假设了一种新颖可喜的解释，然后再乞灵于'一声之转'之类的'证据'"。三是，正确的方法必须是"从语言出发去研究的"。

我们这本书讲的就是如何"从语言出发"去研究去理解《论语》。语言这东西，和数学一样，它是一个系统（这是语言学的常识）。词和句子的意义是语言这个系统内部的问题。系统这东西有个特点，就是它内部没弄清楚的问题，应当主要在内部找证据来证明，"不需要向外界去寻找解释的理由"（语言学家胡明扬说的）。大家学数学，应该对这个有点儿体会。

那"乞灵于'一声之转'之类的'证据'"，不是"从语言出发去研究"吗？"乞灵于'一声之转'"，就是证明两个字古音相近，所以甲字有可能要理解为乙字。证明两个字古音相近，算是拿到了走向正确结论的第一张通行证。但两个字古音相近，甲字就一定是乙字吗？当然不是，因为一个字可以找出几百个古音相近的字来。如果关键证据不过是"他既然有这种思想，他这一句话也只能作这种解释了"，那就不是"从语言出发去研究的"。其结果必然是，十个人去做，"十种解释全是错误的"。

我们不能因为爱戴孔子，就"一声之转"换个好字眼；因为讨厌孔子，就"一声之转"换个坏字眼——这种做法以前和现在都很常见，一些注《论语》的书常来这一套，大家可要当心！

还有一种和"乞灵于'一声之转'"半斤八两的做法，就是光在标点符号上打主意，却不到语言系统内部去找证据。例如，读"民可使由之，不可使知之"为"民可，使由之；不可，使知之"或"民可使，由之；不可使，知之"，却偏偏不到《论语》及《论语》同时代同地域的文献如《左传》《国语》等书中去考察一番当时"可"和"使"有没有上面那些个用法。我在《论语新注新译》（北京大学出版社 2016 年版）中已经证明当时典籍中根本没有这些个用法，当然不能那样标点。

你们的语文老师可能早就对你们说过了，词在不同语境中的意义是不同的。这话当然是很正确的。但这并不是说，词在一百种语境中就有一百个意义。在某一时代某一地域中，多义词一般就那么几个意义。一些语境中，它是甲意义；一些语境中，它是乙意义；另一些语境中，它是丙意义。也就是说，语境，它可以"锁定"，或者"套牢"多义词的几个不同的意义。这个道理可管用了！我们在第三讲介绍了清代学者王引之，他用归纳相同句型句式例句的办法，"套牢"了《诗经》中"终风且暴"的"终"的类似于"既"的意义。我的祖父，语言文字学家杨树达先生管这法子叫作"审句例"。"审句例"这办法是十分有效的。

如果把这办法用到《论语》上，用它来解决《论语》中一些见仁见智的疑难词句，这样的《论语》注本，无疑就是好的注本。

以上内容，书中说得较详细，这里就不多说了。

这本书中，《论语》的篇、章都编了号，如1.1就是《论语》第一篇第一章"学而时习之……"。必须强调的是，这些编号与我的《论语新注新译》的编号是相同的。尽管《论语新注新译》的编号和其他《论语》注本（如杨伯峻先生《论语译注》）的编号只有些微不同，还是应当予以说明，免得对不上号。

我是研究古代汉语的，中国古代思想史、中国哲学不是我的专业。也即，本书第三讲、第四讲、第五讲的内容是我所研究的专业，第一讲、第二讲必须采纳学有专攻的学者的成果。本书第一讲、第二讲的内容，主要来自以下著作：李长之《孔子的故事》（二十一世纪出版社2011年）、李泽厚《中国古代思想史论》（三联书店2017年）。以上两书，本书采纳最多。以下四部著作，本书也多所采纳：匡亚明《孔子评传》（南京大学出版社1990年）、梁启超《儒家哲学》（中华书局2015年）、陈来《中华文明的核心价值——国学流变与传统价值观》（三联书店 2015 年）、陈来《古代宗教与伦理——儒家思想的根源》（增订本，北京大学出版社 2017 年）。

最后，要感谢尹涛先生的推荐！感谢王彤女士、胡香玉女士为本书所做的工作！特别要向为本书花费了极大心血的责任编辑李少英女士表示极大的敬意！

杨逢彬

目录

第一讲

读懂《论语》需要了解的
时代背景和孔子生平

　　孟子说：“觉得结交天下的优秀人物还不够，便又追论古代的人物。吟诵他们的诗歌，阅读他们的著作，不了解他是什么人，可以吗？所以要讨论他那一个时代。这就是上溯古人和他们交朋友。”要更好地了解《论语》，就得先了解孔子和他所处的时代，因为孔子的思想不是凭空产生的；也要了解孔子的一生，这样理解《论语》才更透彻。那么，孔子出生的时空究竟是什么样的呢？孔子的生平事迹又如何呢？

孔子诞生在富有道德精神的社会中

晋国的骊（lí）姬让太子申生去祭齐姜，祭完后按惯例要将祭酒祭肉带回给晋献公。酒肉在存放期间，骊姬下毒。献公以酒祭地，土凸起像坟堆；把肉给狗吃，狗就死了；给宦官吃，宦官也死了。骊姬哭着说："阴谋是从太子那里来的。"太子逃亡到新城，献公杀了他的师父杜原款。有人对太子说："您如果辩解，国君是必定能弄清楚的。"太子说："国君没有骊姬，居处不安，饮食不饱。我如果辩解，骊姬必定有罪。国君年纪老了，因为骊姬有罪而不高兴，我也不能高兴的。"那人说："那么您逃走吗？"太子说："国君还没有查清我的罪过，带着这个名声出去，别人谁会接纳我？"不久，太子在新城吊死。（事见《左传·僖公四年》；用的是沈玉成先生的译文，下文也是）

更早一些时候，卫宣公为太子急子在齐国找了个媳妇，姑娘很美，宣公就自己娶了，于是就叫她"宣姜"，宣姜生了寿子和朔子。宣姜和朔子一道诬陷急子，宣公就派急子出使齐国，另外派人埋伏在莘（shēn）地，打算杀了他。寿子把这件事告诉急子，要他逃走。急子说："丢掉父亲的命令，哪里还用得着儿子？"临走，寿子把急子灌醉，寿子车上插着太子的旗帜走在前面，埋伏者就杀了寿子。急子赶到，说："他们要杀的人是我。他有什么罪？请你杀我吧！"于是急子也死了。

到孔子刚"三十而立"，楚国奸臣费（bì）无极对楚平王进谗言说，太子建和他的师父伍奢准备领着方城山外的人背叛。平王杀太子建不成，就囚禁了伍奢。费无极说："伍奢的儿子有才能，如果在吴国，一定要使楚国担忧。不如用赦免他们父亲的办法召回他们。他们仁爱，一定回来。不这样，就要成为祸患。"平王派人召回他们，说："回来，我赦免你们的父亲。"棠邑大夫伍尚对他的兄弟伍员（即伍子胥，"员"音yún）说："你去到吴国，我打算回去死。我的才智不如你，我能够死，你能够报仇。听到赦免父亲的命令，不能不奔走回去；亲人被杀戮，不能不报仇。奔走回去使父亲赦免，这是孝；估计功效而后行动，这是仁；选择任务而前去，这是智；明知要死不能躲避，这是勇。父亲不能丢掉，名誉不能废弃，你还是努力吧！各人不要勉强才好。"后来的事情已为人熟知：父亲和哥哥死了，伍子胥过昭关，一夜急白了头。到江边，渔丈人为保守秘密而自杀。伍子胥终于借助吴国的力量，得以对楚平王鞭尸三百。

上面这三例都是以"争死"来实现道德的承诺。第一例说明的是申生的"孝"；第二例刻画了寿子和急子的"仁"；第三例中的伍尚，更用"仁""孝""智""勇"来为两兄弟将要采取的行动张目。正如孔子所说："志士仁人，无求生以害仁，有杀身以成仁！"（15.9）下面的例子刻画的则是"让国"的道德人格：

宋国国君生病，太子兹父再三请求说："目夷年长而且仁爱，君上应该立他为国君。"宋君就命令立目夷为国君。目夷推辞说："能够把国家辞让给别人，还有比这更大的仁爱吗？下臣不如他，而且又不合于立君的礼制和习惯。"于是就快步退了出去。

孔子出生前八年的鲁襄公十四年（前559年），吴国国君诸樊打算立季札为储君。季札辞谢说："据有国家，不是我的节操。札虽然没有才能，但愿意像曹国的子臧那样，来保持节操。"诸樊坚决要立他为君，季札丢掉了他的家产而去耕田，诸樊才没有再勉强他。季札在出使外国的时候，路过徐国（今徐州市东南）的时候，徐国国君热情招待，两人很谈得来。徐国国君很喜欢季札的宝剑，但不好意思开口；季札看出来了，但使者是不能不佩带宝剑的，于是心底打定主意归来时赠剑于徐君。可归来路过时，徐君已经死了，季札便把宝剑挂在徐君墓旁的树上，飘然离去。一千多年后，诗人杜甫在《别房太尉墓》一诗中还写道："对棋陪谢傅，把剑觅徐君。"这件事刻画了季札的诚信——哪怕只是心里许诺，也要实现它。

还有介子推坚决不受封赏的事迹：

骊姬逼死了太子申生，是为了自己亲生儿子能够继位。但申生还有兄弟重（chóng）耳，如果不除，骊姬寝食难安。重耳于是逃亡在外十九年，"险阻艰难备尝之矣"，终于回国继承君位，成为春秋五霸之首的晋文公。重耳赏赐跟随他在外逃亡十九年的人，介子推曾经在断粮时割身上肉煮给重耳吃，这时却没有提及禄位，禄位也就没有给他。介子推说："献公的儿子有九个，只有国君在世了。惠公、怀公没有亲近的人，国内外的人都丢弃了他们。上天不绝晋国，必定会有君主。主持晋国祭祀的人，不是国君又是谁？这实在是上天立他为君，而他们几位却以为是自己的力量。这不是欺骗吗？偷别人的财物，尚且叫作盗，何况贪天之功以为自己的力量呢？下面的人把罪过当成合理，上面的人对欺骗加以赏赐，上下相互欺蒙，这就难和他们相处了。"他母亲说："何不也去求赏？因为这样而死，又能怨谁？"介子推说："明知错误而去效仿，错误就更大了！而且我口出怨言，不能吃他的俸禄……"他母亲说："也让他知道一下，怎么样？"介子推回答说："说话，是身体的文饰。身体将要隐藏，哪里用得着文饰？这是去求显露了。"他母亲说："你能够这

样吗？我和你一起隐居起来。"于是就隐居而死。文公到处
找寻他没有找到，就把绵上作为他的封田，说："用这来记
载我的过失，而且用它旌扬好人！"

　　上面这些，都是孔子倾慕的文王、武王、周公开创的西
周社会所遗留的文化道德遗产。这些道德遗产，在周公的封
地鲁国的士大夫中，其继承是带有普遍性的。比如下例：

　　孔子十一岁那年，即鲁昭公元年（前 541 年）三月，诸
侯正在盟会，鲁国国君却趁机攻打莒（jǔ）国。莒国使者向
盟会报告，当时的超级大国楚国对另一超级大国晋国说：
"重温过去和平岁月的盟会尚未结束，鲁国就攻打莒国，亵
渎盟约，请求诛戮他的使者。"晋国的正使是赵文子，由乐
桓子辅佐他。桓子想向鲁国使者叔孙豹索取财货而为他向赵
文子说情。桓子派人向叔孙豹要他的玉带，叔孙豹不给。叔
孙豹的左右梁其胫说："财货用来保护身体，您有什么舍不
得呢？"叔孙豹说："诸侯的会见，是为了保卫国家。我用
财货来免于祸患，鲁国就必然要受到进攻了，这是为它带来
祸患啊，还有什么可保卫的？"晋国的赵文子听说了此事，
赞叹道："面临祸患而不忘记国家，这是忠心；想到危难而
不放弃职守，这是诚意；为国家打算而不惜一死，这是坚定；
出谋划策都基于以上三点，这是道义。有了这四点，难道可
以诛戮他吗？"赵文子于是向楚国求情，晋国使团也坚定地
向楚国请求，楚国答应赦免了叔孙豹。

岂止鲁国，春秋诸国中，这类事例真是不胜枚举，又如"叔向贺贫"和"子产不毁乡校"的故事。

叔向是晋国的贤大夫。有一天叔向去拜见韩宣子，韩宣子正为贫困而发愁，叔向却向他表示祝贺。宣子说："我有卿大夫的名称，却没有卿大夫的实质，难以和其他的卿大夫们打交道，我正为这个发愁，你却祝贺我，这是为什么？"叔向回答说："从前栾（luán）武子连百顷田都没有，穷得连祭器都没法备齐全；但他能展现他的德行，遵循他的原则，嘉名传颂于各国。诸侯都亲近他，连夷狄都怀念他……现在您拥有了栾武子的清贫，我认为您也能有他的德行，因此特来祝贺您。如果不忧虑德行的建立，而只为财产不足发愁，我要向您表示怜悯都来不及，哪还有什么祝贺呢？"宣子于是伏头在地许久，说："在我行将逃亡之际，全靠您保全了我。感戴之情，我不敢独享，我的祖先和世世子孙都要铭记您的大恩大德！"

子产是与叔向同时期的郑国政治家。与晋国不同，郑国是小国。他说："小国没有文治而有武功，没有比这更大的祸患了。"郑国地处冲要，子产对外不卑不亢，与晋、楚两强周旋，为国家赢得尊敬和安全；对内整顿田制、军赋，并铸刑书以"救世"。子产的确是一位杰出的政治家和外交家，老百姓歌颂他："我有子弟，子产教诲；我有土田，子产栽培。子产死了，谁来继位？"他治理郑国，又很有民主作风。

在孔子十岁那年发生的一件事颇能说明这一点。郑国人在乡校里游玩聚会，以议论执政的得失。然明对子产说："毁了乡校，怎么样？"子产说："为什么？人们早晚事情完了到那里游玩，来议论执政的好坏。他们认为好的，我就推行它；他们所讨厌的，我就改掉它。这是我的老师啊！为什么要毁掉这场所呢？我听说过用忠于为善来减少怨恨，没听说用摆出权威来防止怨恨。权威难道不能很快制止议论吗？但是就像防止河水一样：洪水冲破大口子，伤人必然很多，我不能挽救；不如把水小小地放掉一点加以疏导，不如让我听到这些而作为良药。"然明听了佩服得五体投地。

孔子赞扬叔向："叔向，古之遗直也。"（叔向，他的正直作风是古代的遗风。）子产死的时候，孔子哭着说："古之遗爱也！"（他的仁爱，是古代的遗风啊！）是的，这确实是从文、武、周公一脉相承而来的。钱穆先生说："孔子以前，中国文化已经历二千年以上之积累，孔子亦由中国文化所孕育。孔子仅乃发扬光大了中国文化。换言之，因其在中国社会中，才有孔子。孔子决不能产生于古代之印度、犹太、阿拉伯，而释迦、耶稣、谟罕默德亦决不会产生于中国。孔子生当春秋时代，其时也，臣弑其君，子弑其父，为中国一大乱世。但即使在春秋时代，中国社会上之道德观念与道德精神，已极为普遍存在，并极为洋溢活跃，有其生命充沛之显现。孔子正诞生于此种极富道德精神之社会中。"孔子的时代，这种道德观念一方面依然很强，一方面不断遭到削弱。孔子生活于这一道德社会，深受其浸染；他的一生，都在维护这一道德社会。李泽厚先生《中国古代思想史论》指出："孔子所维护的周礼，是周公所建立的氏族贵族的规范化制度，其中包含原始人道和民主遗风。"具体地说，就是"早期宗法社会所保留的大量原始礼仪体制中包含的各种民主、仁爱、人道的残留，包括像春秋许多中小氏族国家的城邦民主制政治"。

钱穆先生说孔子"发扬光大了中国文化"，童叔业先生也说："春秋时代有很多有学问的人，如鲁国的叔孙豹，齐国的晏婴，晋国的叔向，楚国的左史倚相，吴国的公子季札等，都可以算是当时的大学者。……等到孔子出世，集古代学术思想之大成，开始建立学术思想的系统，真正的士大夫阶层就由他一手造成。孔子死后，他的门徒播迁各方，努力发挥本师的学说，成立了'儒家'的学派。"

西周思想是孔子的重要思想资源

　　上文说了孔子诞生在"富有道德精神的社会中"，而且，这一社会是周公所建立的，到孔子时，正面临崩塌；孔子所维护的，正是这一社会。那么，这一社会又是从何而来的呢？王国维先生说："中国政治与文化之变革，莫剧于殷周之际。"（中国政治和文化变革的剧烈，没有哪一时代能超过商代、周代交替的时候。）王先生所说的剧变，具体是如何发生的呢？

　　近代最有影响力的思想家之一德国人马克斯·韦伯认为，人类社会的历史就是"祛除巫魅"到"理性化"的过程。韦伯认为，一切宗教都可以在原始巫术中找到痕迹，他相信人的思想是由蒙昧渐渐趋于理性的。英国人类学家、民族学家、宗教史学家弗雷泽认为，人类社会早期的巫术社会的后期，公共巫术逐渐取代了先前盛行的个体巫术，"宗教"渐渐取代了"巫术"，巫师渐渐让位于祭司。

中国的夏商周三代，夏代及其以前，是巫觋（xí）时代，殷商则是典型的祭祀时代。殷人信鬼神，既可以从商纣王所说"呜呼！我生不有命在天"（啊！我的命运难道不是上天早就决定了的吗）看出端倪，更可以从甲骨文中殷人事事都要卜问鬼神意旨得到肯定的回答。在殷商时代，上天的旨意要靠龟甲、牛骨钻孔火烤后爆裂的裂纹走向等等来决定；民意不起什么作用。"甲骨文中随处可见，对于殷商时期的人们而言，上帝根本不是关照下民、播爱人间的仁慈之神，而是喜怒无常、高高在上的神。人们只能战战兢兢常常占卜，常常祭祀，谄媚讨好，祈求神灵的福佑。"（陈来《古代宗教与伦理》第134页）而到了周代，这一状况改变了。简言之，周代是礼乐时代，是用礼乐文化宣扬、保障和固化"民本"思想的时代。

周人虽然也相信有个上帝（天帝、天）存在，但这个上帝必须以"民"的意志为自己的意志；换句话说，天意在民，民意即天意。例如，《尚书·泰誓》是周武王伐纣的誓师文辞，其中提出了"保民"思想，说天地是万物的父母，人是万物之灵，聪明的人做君主，而君主应当承担为民父母的责任。上天为民众设立君主，设立老师，都是为了佑护民众，所以君主像父母一样承担保护人民的责任，才是实现了上天的旨意。如果君主虐待人民，就是违背天意，必然引发上天的震怒，从而导致"天命诛之"。《泰誓》进一步指出：

惟天惠民。（天是施恩惠给民众的。）

天矜于民。民之所欲，天必从之。（上天怜悯百姓。百姓所想要的，上天一定同意给。）

天视自我民视，天听自我民听。百姓有过，在予一人。（天要看的来自民众要看的，天要听的来自民众要听的。老百姓有错误，责任都在我。）

古人有言曰："抚我则后，虐我则仇。"（古人说过："抚慰我们的，就是我们的君主；虐待我们的，就是我们的仇人。"）

天意取决于民意，这是一个历史性的进步。从此之后，虽历朝历代都不乏暴君出现，但当有人打着"吊民伐罪"的旗号来讨伐这暴君时，没人敢说这一旗号是错的。也就是说，吊民伐罪具有了正义性、合理性。正如孟子所形容的，"诛其君而吊其民，若时雨降，民大悦"（诛杀那暴虐的国君，抚慰那被残害的百姓，真像降了场及时雨，百姓十分高兴）。而周公制礼作乐，就是通过制作一套礼仪，以及配合这一礼仪的乐章，来保障、强化和固化包括"保民"思想在内的一整套与殷商统治思想有所不同的统治思想。

大部分研究孔子思想的学者认为，孔子思想的核心是"仁"。实现"仁"的主要手段是"礼"。孔子说："克己复礼为仁。一日克己复礼，天下归仁焉。"《左传》也记载：

"仲尼曰：'古也有志："克己复礼，仁也。"'"而这"礼"，如前所述，正是周公创制的。周公姓姬名旦，是周文王姬昌第四子，周武王姬发的弟弟，曾两次辅佐周武王讨伐纣王。因其封地在周，爵位是上公，所以称为"周公"。正是周公，将从远古到殷商的原始礼仪加以大规模的整理、改造和规范化，加入了民本思想的内核，使得礼仪所强化和固化的，是思想而非仪式本身。这一点，与孔子同时代的晋国女叔齐、郑国子大叔就已经阐发过，没有思想内核的仪式不是"礼"，而仅仅是"仪"。（事见《左传·昭公五年》《昭公十年》）

杨向奎先生说："没有周公，就不会有传世的礼乐文明；没有周公，就没有儒家的历史渊源；没有儒家，中国传统的文明可能是另一种精神状态。"

可见，"西周思想为孔子和早期儒家提供了重要的世界观、政治哲学、伦理德性的基础。在某种意义上，可以说前孔子时代已经有儒家思想了。"（陈来《古代宗教与伦理——儒家思想的根源》第 19 页）

孔子处在"礼崩乐坏"的时代

孔子所处的时代，政治上又是如何的呢？四个字可以概括："礼崩乐坏。"

西周时，"礼乐征伐自天子出"，周天子对诸侯甚至拥有生杀予夺的权力。如成王"伐诛武庚、管叔，放蔡叔"，周宣王立鲁懿公、鲁孝公等，都是王命一出，不容违抗的。到春秋时，天子非但驾驭不了诸侯，反而受诸侯的欺凌。如郑庄公大败王师，晋文公召周襄王会于践土，楚庄王居然问鼎之轻重，意欲取而代之等等。天子不能驾驭诸侯的结果，就是出现了诸侯争霸、恃强凌弱、攻伐不休而天下大乱的局面。

天子孱弱，则诸侯坐大；诸侯孱弱，则卿大夫坐大——占据着自己的采邑（càiyì，卿大夫的封地）向诸侯闹独立。如大家熟悉的郑国共叔段占据京邑想要进攻郑庄公的事。又如卫国的孙林父占据封地戚邑以叛，晋国的赵鞅、荀寅、士吉都曾据地以叛，孔子所在的鲁国的"三桓"各自占据着费

（bì）邑（在今山东费县）、郈（hòu）邑（在今山东东平）、成邑（在今山东泗水）与鲁君唱对台戏等等。如同天子、诸侯是世袭的，卿大夫也是如此。一些诸侯国的实际权力已掌握在一些卿大夫手中。如卫国的孙氏、宁氏，鲁国的季孙氏、叔孙氏、孟孙氏，齐国的国氏、高氏、崔氏、陈氏，晋国的赵氏、魏氏、韩氏、智氏、范氏、中行氏等，都是春秋时期威慑其主的强宗世卿。

螳螂捕蝉黄雀在后，卿大夫坐大时，却不料其家臣（也就是管家，相当于"士"一级）也利用管理卿大夫采邑领地的机会伺机闹独立。如晋国范氏的家臣佛肸（bìxī）占据中牟抗拒晋国权臣赵简子，鲁国叔孙氏的家臣侯犯占据郈邑而叛叔孙氏，季孙氏的家臣公山弗扰占据费邑而叛季氏（事见《论语·阳货》）。以上这些都说明春秋时卿大夫的家臣也确实已经形成了一股不可小觑的割据势力；其中实力强大的不仅完全控制着卿大夫采邑领地内的权力，而且还能越过卿大夫一层而去干预国政。其中最出名的，就是曾经呵斥过少年孔子，后来又使诈企图让孔子去看他的鲁国季孙氏的家臣阳货。这就是司马迁在《史记》中指出的"陪臣执国命"。

王（天子）不能驾驭诸侯，诸侯不能控制卿大夫，卿大夫也管不了自己的家臣（士），使得"礼乐征伐自天子出"的统治秩序荡然无存，原有的王、诸侯、卿大夫、士的层级宝塔坍塌了，这就是春秋时继承了西周但又发生重大变化而与西周不同的政治局面。

上文说了，鲁国的季孙氏、叔孙氏、孟孙氏坐大，鲁昭公奈何不了他们；季孙氏的家臣阳货擅权，季孙氏也奈何不了他们。比如，鲁昭公二十五年（前517年）孔子跑到齐国那一次，就因为季氏的作乱（参见下文《孔子跌宕起伏的一生》之"在齐国"）。当时，季氏家族已经是季平子专政，飞扬跋扈，鲁昭公很讨厌他。一次，季平子和另一贵族郈昭伯斗鸡发生纠纷。原来季家的鸡翅膀上撒了芥末，想迷住对方鸡的眼睛；郈家的鸡爪子上却套上了锋利的金属。季平子恼羞成怒，强占了郈家封地，昭伯向鲁昭公诉冤。鲁昭公趁机讨伐季平子。季平子联合孟孙氏、叔孙氏反击，鲁昭公失败了，便逃到齐国。齐国把他安置在郓（yùn）城（今山东郓城），这是齐国从鲁国夺去的地方。

过了十二年，把持鲁国国政的季平子死了，他的继承人是季桓子，这时是鲁定公在位。

这时季桓子家有势力的家臣是仲梁怀、阳货和公山不狃（niǔ）。先是仲梁怀和阳货发生冲突，阳货想驱逐仲梁怀，公山不狃居中调停。这下仲梁怀的气焰高涨起来，阳货就把他囚禁了。季桓子出来干涉，阳货把季桓子也囚禁了，直到季桓子认了输才被放出来。

这样阳货就吃住了季桓子，而季桓子也吃住了鲁定公。这时期孔子是不会出来做官的。

这样季桓子家的权臣，就只剩下阳货和公山不狃。公山不狃联合阳货，想把"三桓"的继承人换掉，换上亲近阳货的人，这样就可以更方便地操纵"三桓"了。阳货逮捕了季桓子，并要杀掉他。但季桓子想办法逃掉了。阳货终于栽了跟头，逃往齐国。（事见《左传·定公八年》《九年》）

　　季桓子家的权臣就只有一个公山不狃了。公山不狃在公元前501年占据了鲁国的费邑，并想以此为根据地来反抗季桓子。他还想请孔子去帮他做事呢！（参见下文《孔子跌宕起伏的一生》之"在齐国"）

孔子跌宕起伏的一生

一、从出生到三十而立

孔子的祖先原是宋国（今河南和江苏交界的地方）的贵族，他是宋国国君的后代；而宋人是殷代贵族的后代。孔子死之前还说自己本是殷人呢。

孔子的前三四代，由于宋国统治者内斗而逃到鲁国（今山东东南部、江苏西北部）的时候，孔家便没落了。

孔子的父亲名纥（hé），字叔梁，按当时的称呼，就是叔梁纥。他是鲁国小地方陬（zōu）邑（今山东泗水东南）的行政长官，身材魁梧，孔武有力。在攻打偪（bī）阳（今山东枣庄南）时，当鲁军一部分从城门进去后，守城的人把闸门放了下来，企图把攻城军截为两半，各个击破。这时叔梁纥却把闸门举了起来，让城里军队退了出来。

叔梁纥的妻子生了九个女儿；他的妾又生了个儿子孟皮，可是腿有毛病。六十五岁的时候，他向都城曲阜的大族颜家求婚，颜家把女儿徵在许配给他。这一年颜徵在还不到二十岁。这种老少配，当时人们认为是不合规矩的。

叔梁纥和颜徵在希望得到一个儿子，便到曲阜东南的尼丘山祷告。后来他们生了一个儿子，便取名为丘，字仲尼。这时是鲁襄公二十二年（前551年）的秋天。

孔子三岁时，父亲便亡故了。孔母因为舆论的压迫，连丈夫埋葬的地方也没告诉孔子。那时，她正带着孩子从陬邑移居到曲阜。

孔子小时候爱模仿祭祀，摆上小盘小碗，学着行礼玩。

上文说了孔子诞生在"富有道德精神的社会"中，前面说过的季札，在鲁国听到了较完备的周朝乐歌，他最欣赏的是相传为大舜乐歌的《韶》——后来孔子也评价《韶》说："美极了！而且好极了！"（3.25）《论语》记载，孔子在齐国听到《韶乐》，很长时间吃肉都不香，说："想不到欣赏音乐达到了这种境界。"（7.14）后来，晋国使臣韩宣子到鲁国，也赞叹道："周代的政治法律都保存在鲁国了，现在我才明白周公的本领以及周朝所以兴起的缘故了。"这说明鲁国的文化气氛十分浓郁，也说明这一氛围对孔子的成长是有影响的。

孔子慢慢长大了，和父亲一样，体格魁梧，据说有今天的一米九以上，人称"长人"。他自己说，在十五岁时就立志于学好知识和本领（2.4）。十七岁时，母亲死了，依照习俗，应该和父亲合葬。可父亲葬在哪儿呢？孔子把母亲的棺材暂停在一条叫"五父之衢（qú）"的路口。一位老太太过来指点说："你父亲就葬在防山。"这地方在曲阜东面。孔子这才把母亲葬了。

孔子虽然小心谨慎，但还少不更事。一次，鲁国权贵季氏宴请名流，孔子便穿着孝服跑去了。季氏的家臣阳货向他喝道："我们请的可是有地位的人，并没有请你。"经过这番挫折，孔子更发愤了。

过了三四年，他的道德修养和才能与日俱增，也小有名气了。他十九岁结婚，二十岁得了个儿子。鲁昭公向他道喜，送了条大鲤鱼来。孔子为了纪念这桩事，便给孩子取名为"鲤"，字伯鱼。

由于刻苦学习，孔子逐渐成了博学多能的人。在他住宅的附近有一条街叫达巷——住的都是"吃得开"的人。达巷里有人这样说："孔子这么渊博，他会的玩意儿我们简直叫不出名堂来。"孔子听见了，谦虚地说："我会什么呀？我会赶车罢了。"（9.2）那时的全才应该掌握的"六艺"——礼仪、音乐、射箭、赶车、识字和计算，孔子全都会，他不过举其一端罢了。

孔子曾对学生说："我年轻时地位低下，所以掌握了不少难以登大雅之堂的本领。大雅君子们会有这样多本领吗？不会的。"（9.6）

他直到二十六七岁的时候，才做了一两回小官。一回是当"乘田"，就像孙悟空当"弼马温"一样。孔子说："叫我管牛羊，我就把牛羊养得肥肥壮壮的。"另一回是当"委吏"，就是会计，孔子说："叫我管记账，我就让账不出错。"

后来，远方的人都知道孔子博学了，很多人愿意把孩子送来跟他学。孔子曾说："我三十岁时，就小有所成，能够自立。"（2.4）就在这时，他有了第一批弟子，其中包括颜渊的父亲颜路、曾参的父亲曾点。

孔子另一个弟子子路，这时也来了。他只比孔子小九岁，为了表示英武，他把公鸡毛插在帽子上，把公猪的皮装在宝剑上。子路跟随孔子四十多年，襟怀坦白，忠心耿耿，刚强而率直。

孔子和他的弟子们多半属于"士"这一阶层，但孔子最先把贵族所垄断的文化教育普及给一般人。他曾说："只要谁拿十条干肉来作入学礼，我没有不教他的。"（7.7）

自然，贵族中也有送子弟来求学的，但这是少数。比如鲁国大夫孟僖（xī）子临死时就曾嘱咐他的两个儿子孟懿子和南宫敬叔要拜孔子为师。后来这俩人果然做了孔子的弟子。这年孔子三十四岁。

二、在齐国

鲁昭公二十五年（前517年），因为季平子作乱的事（详见上文《孔子处在"礼崩乐坏"的时代》），孔子到了齐国，这是他生平第一次出国从事政治活动。齐国本是东方大国，沃野千里，富有鱼盐之利，经过桓公时代（前685年—前643年）大政治家管仲的治理，跃升为春秋时代的一等大国。这时是齐景公在位，也是大政治家晏婴活跃的时期，国家既安定又强大。这吸引住了孔子，他想在这儿成就一番事业。

早在五年前，景公访问鲁国的时候，孔子就和他谈过秦穆公因任用贤人百里奚而富强的事，景公十分高兴；孔子也希望景公能任用他，使他也能成就一番像百里奚那样的事业。于是，他就先当了景公亲信高昭子的家臣，希望以此接近景公。

不久，景公就向孔子请教治国理政的大道理，孔子说："君主要像君主，臣子要像臣子，父亲要像父亲，儿子要像儿子。"这就是要"正名"，也就是各安其位的意思。景公说："对着呢！真的是君不像君，臣不像臣，父不像父，子不像子，就是有粮食，我能吃得着吗？"（12.11）孔子接着又指出齐国最大的毛病是奢侈浪费。景公听了很满意，想把尼溪地方的田分给孔子。

虽然孔子很敬佩晏婴，但晏婴并不完全赞成孔子的观点。原因是晏婴的思想和后来的墨子（墨翟，"翟"音dí）是有些相通的，他们都不主张在祭祀和丧礼上过于讲究和铺张，对以往的礼乐也主张要加以简化。晏婴对景公说，孔子恢复周礼的那一套解决不了齐国的急切问题。这话可说到景公心坎里了。不久，景公见到孔子的时候，虽仍十分客气，但不讨教了。过了些时候，他说："用鲁君对待季氏的规格对待孔子，那我做不到；我要用次于季氏而高于孟氏的待遇来对待他。"不久，又说："我老了，没有什么作为了。"（18.3）孔子明白怎么回事了，便离开了齐国。他虽没被重用，但他的能干却让齐国统治者担忧，怕他将来会成为齐国的麻烦。

孔子出国那年三十五岁，这时三十七岁了。鲁国依然混乱。逃到齐国的鲁昭公想借齐国和宋国的力量复辟，季氏却依靠晋国拒绝接纳昭公。孔子仍旧没有从政的机会。

这一年，吴国发生了政变，这就是有名的"鱼藏剑"的故事——兄弟相残，国君易主。孔子一直敬重的季札回国后便隐居起来，从此再不出现。这真是动荡的年代！这当儿，"士"的地位越来越重要了。

孔子在学问上又有了进展。他说："我到了四十岁，就心里更亮堂，不易被迷惑了。"（2.4）他依然等待着从事政治活动的机会。

流亡在齐国的鲁昭公在昭公三十二年（前510年）死了。

孔子这年四十二岁。第二年鲁昭公的弟弟继位，就是鲁定公。又过了五年，季平子死了，季桓子继位，把持季家的家臣互掐，最后只剩下一个公山不狃，他在前501年占据了鲁国的费邑。（详见上文《孔子处在"礼崩乐坏"的时代》）

公山不狃打发人来请孔子，他知道孔子是有声望有本事的人，还讨厌季氏的专横。孔子也一直在寻找施展抱负的机会，他很想像周文王、武王凭着西北的小领地丰和镐（都在今西安南边，"镐"音hào）而一统天下，于是心里就有些活动了。

对这件事，子路首先表示不高兴。他觉得老师天天讲"正名"，讲"君君臣臣"，那公山不狃不是要犯上作乱吗？为什么要去帮他呢？

孔子便解释："那个叫我去的人，难道是白白召我吗？如果有人用我，我大概会使周文王、武王之道在东方复兴吧！"（17.5）

可是这一步终究是没有迈出去，孔子定下心来，把全部精力放在教育事业上。

孔子经常和弟子谈"仁"，他解释说"仁"就是爱别人（12.23）。这是他思想中最光辉、最进步的一面。

除了讲"仁"之外，孔子又经常教导弟子学习历史，学习文艺，关心政治，以及在日常生活中养成良好的习惯等。面对弟子，他的高兴、苦闷、愤怒，没有什么隐藏；他的歌声、笑声，没有间断。直率而又含蓄，热情而又严肃，活泼而不失分寸，这是弟子对他的印象。

孔子和人们谈话的时候，总是尊重别人的意见，就是对弟子也是如此。有一次，他先让弟子们各自表达了志愿，接着子路转而问孔子："想听听您老人家的志愿呢！"孔子说："我的志愿是：老人安稳过日子，朋友相信我，年轻人对我挺怀念。"（5.26）这志愿如此平凡，但又那样近人情，那样温暖，这就是孔子！

孔子善于启发人，也尊重人们的个性，往往因为各个弟子爱好不同、了解事物的程度不同而说话很有分寸。

一天，孔子和子路、曾皙、冉有、公西华坐在一起。孔子那年五十一岁，他说："不要因为我比你们大几岁，你们就受拘束，有话尽管说。你们平日常说，没有人赏识，现在我倒要问问，如果有人赏识，你们打算怎么做呢？"

子路、冉有、公西华各自说了一通。子路不假思索就说他只消三年，就可以全面治理好一个中等国家。孔子微微笑了笑。冉有见此，就把目标缩小了些，说三年之内，能让一个小国的人民过上好日子。公西华却说自己在外交场合可以学着做个司仪。

按年龄，本该曾皙接着子路说，但曾皙正弹琴呢，所以孔子这时才问他。"咚"的一声，琴音停了，曾皙站起身来说："我想说的和他们的不同。"

孔子说："那有什么关系，各人说各人的志愿罢了。"

曾皙说："我想在暮春三月，穿上轻便的衣服，和大大小小的朋友，到沂水去洗澡，在求雨台上去吹风，然后唱着歌回家。"孔子听了，大为赞叹，说："我欣赏曾点的想法呀！"

孔子为什么特别欣赏曾皙说的呢？大约曾皙所说，是孔子一生追求的太平世界的缩影吧！

曾皙见三名同学都出去了，便问："老师为什么笑子路呢？"孔子说："搞政治得讲礼节，礼节最讲究谦虚。他说得却一点都不谦虚，所以我笑他。"（11.26）

三、外交内政的作为

鲁定公九年（前501年），孔子五十一岁，在鲁国当了中都宰。

当时鲁国安定了些。季桓子家族内部因仲梁怀被压服、阳货出走、公山不狃在费邑无所作为而平静了些。鲁定公和季桓子见孔子不曾被公山不狃叫去，便增加了对孔子的信赖，也认识到了孔子的才能，于是任用了他。

中都宰就是首都市长。孔子在一年中做出了成绩，当时各国都想学孔子的治理方法。

孔子又升为司空，就是管工程建设的官儿；又转为司寇，就是司法长官。

孔子虽说做了大官，但在比他年长的乡亲面前，仍十分恭敬，像说不出话似的。当他在朝廷议事的时候，是很明白畅达的样子，但又很慎重；和上级谈话，他正直而恭敬；和同僚谈话，他温和而快乐。（10.2）

第二年，齐国发觉孔子已经握有实权了。这年夏天，齐景公听了大臣黎鉏（chú）的建议，要和鲁定公举行夹谷之会。夹谷在今山东莱芜，泰山以东。他们想要在外交上使鲁国屈服。

因为司寇兼办外交事务，所以孔子被派为鲁定公的助理。孔子建议做好文武两手准备，并请求派指挥军事的左右司马同去。

齐景公的助理是名相晏婴。两国国君在预先筑好的土台子上会见，依照礼节，彼此见了面，也献过酒。齐国管事的忽然说："请表演地方歌舞。"

一帮人蜂拥而上，有拿旗的，有拿盾的，使枪弄棒的也混进来了，乱哄哄的。孔子一看，也顾不得平时讲究的雍容庄重，三步并作两步就上去了，扬起袖子喝道："两国国君正在庄严地会见，野蛮的歌舞为什么出现在这里？请问齐国管事的，该怎么办？"

齐景公很不好意思，便摆了摆手，歌舞队这才退了下去。

过了一会儿，齐国管事的又说："请演奏宫廷的音乐。"齐景公说："好！"一些耍把戏的就又唱又舞地涌了上来。孔子又三步并作两步登上台，大声喝道："戏弄诸侯的，依

法应该斩首！执法官干什么去了？"执法官无言以对，只好
装模作样准备将捣乱的那帮人斩首。

由于孔子严正的态度，又由于孔子事先准备了军队，齐
景公看到鲁定公不易被劫持，便匆忙结束了会议。

齐景公觉着丢了份儿，于是做高姿态退还了以前侵占的
鲁国城池黔、灌和龟阴。这年，孔子五十二岁。

夹谷之会的外交胜利提高了国家的地位，也提高了孔子
的声望。外交既已拔得头筹，内政也须跟上，孔子要实行他
要求统一的主张了。定公十二年（前498年）夏天，孔子对
鲁定公说，大臣不该拥有私军，大夫的城池不能过大。定公
当然赞成；季氏也赞成，因为他的城池被公山不狃占着，想
要趁机消灭他。孔子便派子路到季氏家当了总管。

三家中最弱的叔孙氏也把他盘踞的郈邑拆了。

季氏表示愿意拆除费邑，但公山不狃起兵反抗，他的军
队攻进了曲阜，箭都射到鲁定公跟前了。孔子命令申句须、
乐颀（qí）二将反攻，公山不狃逃往齐国，费邑被拆除了。

孟氏的城池是成邑。守卫成邑的公敛处父借口成邑靠近
齐国，是国防需要而不肯拆除，直到冬天都没拆。鲁定公派
兵包围了成邑，也没攻下。

不管怎样，孔子在内政上还是有所成就。这年孔子
五十四岁。

外交内政相继取得了成绩，国内安定了下来。卖猪羊的

不漫天要价了，街道上井然有序，东西丢了也没有人捡了。远方客人来到，舒适得像回了家一样。

孔子总结治国理政的经验说："用政令引导他们，用刑罚整顿他们，人民只是免于罪过，却没有廉耻之心。若用道德引导他们，用礼教整顿他们，人民不但有廉耻之心，而且人心归服。"（2.3）

鲁国的大治，使邻国，特别是齐国有些担忧了。齐国国君还是齐景公，晏婴在夹谷之会后不久就逝世了。晏婴是个出色的政治家，他有朴素的民主思想。他认为要治理好国家，需要不同意见的存在。他说这就像各种乐器合奏，音乐才好听，五味互相调剂，菜才好吃一样；如果都是同样主张，随声附和，那就是白开水加白开水，还有什么味道！他把不同意见的妥协调和叫作"和"，把不允许有不同意见、众口同声叫作"同"。孔子也主张"和而不同"（13.23），显然是受了晏婴的启发。

齐国执政者中没有高瞻远瞩的人了，他们担心孔子掌权，鲁国会强大到能够威胁齐国。黎鉏这时又出坏主意了，他想要离间孔子和鲁定公、季桓子的关系。他们知道孔子眼里揉不得沙子，而鲁定公和季桓子是爱玩乐的，便送去了八十名美女和一百二十匹好马。鲁定公和季桓子便沉醉在歌舞中，政事也不大过问了。

子路见他们竟如此荒唐，对孔子也不大尊重了，便不耐

烦地说："老师可以走了吧？"孔子说："还要呆两天。如
果能把这两天郊外祭天的祭肉送点过来，就算还尊重我们，
我还可以留一留。"

季桓子不问政事已经好几天了（18.4）。祭天早就完
了，祭肉也没送过来。孔子清楚处境的尴尬：鲁定公没主
意，季桓子只是利用自己对付公山，孟氏抗拒拆城，齐国离
间……他只好率领弟子离开鲁国。毕竟是故国啊！真是一步
三回头，不像离开齐国时那么干脆。这年是前497年，孔子
五十五岁。

四、在卫国

孔子选择去卫国，那儿有老朋友大夫蘧（qú）伯玉。有次，
蘧伯玉派一位使者访问孔子。孔子问道："他老人家现在干
什么呢？"使者答道："他老人家想减少过错却还没能完全
做到。"孔子连说使者回答得好。（14.25）

卫国是安定的，也有贤人——除了蘧伯玉，还有孔文子；
贤大夫史鱼虽已去世，遗风尚存。子路和卫国宠臣弥子瑕是
连襟，也是有利条件。

到了都城帝丘见到卫灵公，灵公虽不了解孔子，却也客
客气气，见面即问孔子在鲁国的待遇，并给了孔子同等待
遇。但不久，谗言便传出来，说孔子弟子中能人众多，万一
图谋不轨……卫灵公便派公孙余假监视孔子。孔子哪受得了

这个？不久便带着弟子离开了。

　　走得匆忙，孔子和少数弟子坐车，多数弟子步行，走散了。子贡这时才二十四五岁，着急忙慌问过路人。有人笑嘻嘻告诉他："我看见东门那有个人，长得很体面，两腮像帝尧，脖子像皋陶（yáo），肩膀像子产，腰以下像大禹，样子很狼狈，就像丧家狗呢！"子贡朝东门赶去，遇见孔子后说起这事。孔子笑着说："我的长相倒描摹得不像，只是说像丧家狗，真是那么回事儿！"

　　孔子一行到了匡地，那儿正被卫灵公驱逐的贵族公孙戌占着，有点像惊弓之鸟。匡人看见一大帮人过来，有一高个老头长得有点像阳货——以前阳货曾骚扰过这里，便把孔子一行包围起来，长达五天。颜回掉了队，后来才赶到。孔子说："我还以为你死了呢。"颜渊说："老师您还健在，我怎么敢死呢？"（11.23）匡人逼迫得更紧了，弟子中便有沉不住气的。孔子打气说："周文王死了以后，一切文化遗产不都靠我们来保留吗？天若是要灭绝这种文化，那我也不会掌握这些文化了；天若是想保留这一文化，匡人能奈何得了我吗？"（9.5）

　　最后，一名勇敢善战的弟子公良儒带头和匡人打了起来，匡人慌了。公孙戌提出条件，说只要孔子不回卫国去，就可解围。孔子答应了。

　　匡地在卫国、晋国边境地带，孔子因此也想到晋国去。

晋国可是春秋时期的超级大国。这时，晋国权臣赵简子和另
外两位权臣范氏、中行氏打起来了，赵简子的家臣佛肸（bìxī）
便占据着中牟（在今河北邢台和邯郸之间），也想趁机捞一
把。佛肸知道孔子对赵简子杀了贤人鸣犊、窦犨（chōu）不满，
也知道孔子目前的困境，便想请孔子来壮壮声势，打发人来
请孔子。孔子也动了心。这事让子路知道了，急忙过来说：
"从前我听老师说过，'亲自做坏事的人那里，君子是不去
的'。如今佛肸盘踞中牟谋反，您却要去，如何解释？"孔
子回答："对，我说过这话。都说那坚硬的东西呀，磨也磨
不薄；都说那洁白的东西呀，染也染不黑。我难道是个匏（hù）
瓜，只能够挂在那里而不给人吃吗？"（17.7）但是，孔子
究竟是没去佛肸那儿。

　　考虑再三，孔子还是打算回到卫国。有弟子说，您不是
答应公孙戌不回卫国吗？孔子说，那是强迫的啊！强迫的盟
约老天是不认的。"我难道要像一班男男女女那样守着小节
小信，在水沟里自杀，还没人知道吗？"（14.17）

　　这时，卫灵公也后悔了，觉得不该派人监视孔子。知道
孔子回来了，就高高兴兴地到郊外迎接。孔子回来后就住老
朋友蘧伯玉家里。一晃三年过去，孔子已经五十九岁了。这
中间，鲁定公死了（定公十五年，前495年），他儿子继了位，
就是鲁哀公。

　　孔子在卫国，心情也并不愉快。卫灵公人虽不坏，却也

并非明君，对蘧伯玉这样的贤臣，尚且不能言听计从，更别说外来的孔子了。他也不思振作，成天和夫人南子、宠臣弥子瑕厮混。

南子屡次表达想见孔子，孔子只好去见她。见面时隔着纱帐，瞧不清楚帐后的人，只听见南子身上佩玉相撞的响声。孔子后来解释说，这只是礼尚往来罢了，但子路仍然不高兴，孔子只好发誓说："我的话如有不实之处，老天厌弃我吧！老天厌弃我吧！"（6.28）

卫灵公和南子坐车出门，让孔子坐第二辆车，第三辆却是太监雍渠的。三辆车招摇过市，孔子觉得窝囊，说："我还真没有见过喜爱道德胜过喜爱美色的人！"（9.18）

孔子很失望，但一时又对去向感到茫然。

一天，孔子正敲着磬，一个挑筐的汉子路过门前说："这磬敲得意味深长啊！"又说："磬声铿铿的，是想不开呀，没人了解自己，就撂挑子好了。'水深，只好穿着衣裳走过去；水浅，不妨撩起裙角走过去。'"（14.39）

不久，卫国发生了政变，太子蒯聩(kuǎikuì)杀南子未遂，逃到晋国赵简子那去了。卫灵公想要用兵，来向孔子讨教出兵事宜。这种骨肉相残的战争，孔子历来反对，况且又牵涉强大的晋国，于是委婉表达了不赞成："礼仪的事情，我曾经听到过；打仗的事情，从没学过。"（15.1）

经这一闹腾，卫灵公撇下他统治了四十二年的卫国，死了。太子蒯聩的儿子辄继位，即卫出公。这年，孔子六十岁。

蒯聩不甘心，求赵简子支持他回国复辟，赵简子便命令躲在晋国的阳货护送蒯聩回国。这下卫出公不干了，他让军队摆开阵势，齐国也支持他，蒯聩没能得逞。

对这场儿子拒绝老子复辟的战争，孔子的弟子议论纷纷。冉有问子贡："老师赞成卫国君主做的事吗？"子贡说："我去问问老师吧！"子贡进入孔子屋里，说："伯夷、叔齐是怎样的人？"孔子说："是古代的贤人。"子贡说："他俩互相推让，都不肯当国君而逃往国外，怨悔了吗？"孔子说："他们追求仁德而得到仁德，又怨悔什么呢？"子贡明白了孔子的态度，出来对冉有说："老师不赞成他做的事儿。"孔子又评论说："鲁、卫两国的政治，就像兄弟一样相似啊！"（13.7）

五、漂泊在宋、陈、蔡、楚

既然如此，还留下干什么？走呗！到了卫、宋交界一个叫"仪"的地方，边防官请求孔子接见他，说："凡道德君子到达此地，我从没有不和他见面的。"随行学生请求孔子接见了他。他辞出后，对弟子们说："你们这些人还用得着担心天下沦丧吗？无法无天的日子太久了，圣人也该出来了，上天会把他老人家当作人民的导师啊！"（3.24）

到了宋国境内，孔子和弟子们在一棵大树下歇息了一会儿，便开始演习学过的礼仪。曾因虐待工匠而被孔子批评过的宋国大将桓魋（tuí），气势汹汹地带着一帮人过来把大树砍倒，还扬言要杀孔子。弟子们催孔子快走，孔子说："上天成就了我的道德，那小小桓魋能把我怎样？"（7.23）孔子虽然不怕，也没必要鸡蛋碰石头，于是换上便衣，和弟子们离开了宋国。

孔子和弟子到了陈国，住大夫司城贞子家。陈国在宋国南边，国都宛丘，即今河南淮阳。这年也是陈湣（mǐn）公十年，孔子参加了陈国政府工作。

陈国既小，又是东边的吴国和南边的楚国争夺的目标，陈湣公也碌碌无为，孔子在这难以做出成绩。工作之馀，他常常思念故国。

秋天，季桓子病重。他望着曲阜的城墙，叹了口气说："这国家本来可以兴旺的，只因我对不起孔子，才没有兴旺起来。"他对季康子说："我死后，你会辅佐鲁君的，那时一定要把孔子请回来！"

季康子果然继承了季桓子的职位，他打算请孔子回来。可是有的贵族，例如公之鱼，反对这样做，他们只同意请回孔子弟子中较为能干的冉有；但这事也搁置下来了。

这年，发生的事情特别多：孔子离卫，过宋，到陈；卫国内乱，桓魋捣乱；季桓子死，季康子立；孔子本有机会被请回鲁国，又没能实现。对这一切，六十岁的孔子看得很开，他曾说："我到六十岁，听到不如意的话，也不容易生气了。"
（2.4）

孔子在陈国又住了三年。前489年，孔子六十三岁，这
年吴国大举侵陈，楚昭王率军驻扎在陈国东北部的城父（今
安徽亳州），助陈反攻。昭王是一位开明的君主，史书多有
记载，不过这时他却病了。孔子想，既然陈国多难，不如到
楚国去。昭王听说后很高兴，打算派人迎接。

孔子要从陈国到楚国，必须经过负函（在今河南信阳），
负函当时名义上属于蔡国。去负函的路上，正是吴楚交兵的
地方。一天，孔子一行被乱兵围住，粮食也吃光了，弟子们
又累又饿，都坐地上起不来了。孔子照常讲课，照常弹琴、
唱歌。子路怒气冲冲地来见孔子，说："君子也有困顿得一
筹莫展的时候吗？"孔子说："君子固然有困顿的时候，而
小人一困顿，就无所不为了。"（15.2）孔子心里也急，但
他必须显得镇定，否则大伙更急。

弟子们越来越心焦了，孔子分别问子路、子贡和颜回：
"古诗唱道：'不是老虎，也不是野牛，旷野里东奔西走。'
我的学说错了吗？为什么会这么不顺呢？"子路认为是我们
仁德不够、智慧不够；子贡认为孔子的理想过于高远，希望
孔子降低目标。对他俩的回答，孔子不以为然。颜回说，老
师的主张不被这浊世容纳，才能显出老师是真君子。颜回
的回答深得孔子之心，孔子开玩笑说你若发了财，我给你做

管家。

孔子派善于外交的子贡到楚国搬救兵。不久，楚军到来，护送他们一行到达负函——这时负函已被楚国控制，楚国大将沈储梁就驻扎于此。沈储梁曾任叶地行政长官，所以又称"叶公"——"叶公好龙"的故事说的就是他。叶公曾向孔子请教治国理政的道理，孔子说："只有境内的人欢悦，境外的人才会来归。"（13.16）孔子这样说，是因为在负函住的是失去故国的蔡国人民。

叶公很想了解孔子到底是什么人，就私下里问子路。子路觉得自己不能很好地用一两句话来形容老师，就去问孔子，孔子告诉子路："你为什么不这样告诉他，我老师的为人哪，发愤用功而忘记吃饭，乐在其中而忘记忧愁，浑然不知衰老就要到来，不过如此而已。"（7.19）

病中的楚昭王是很想重用孔子的，要封给孔子一块地方，可是楚国以令尹（相当于宰相）子西为首的贵族反对。子西说，孔子想重现周公的事业，他的学生又那样能干，当初周文王、武王也是凭着一小块地方干出大事业来的……昭王只好打消念头。

不久，昭王在城父死了，当权的子西忌惮孔子，孔子只好徘徊在楚国的边界进退两难。

一天，有个"疯子"一边走过孔子车旁，一边唱着歌："凤凰哪凤凰，你的德行已经衰微。过去的不可劝止，未来的还可追回。罢手吧，罢手吧！如今的执政者岌岌可危！"孔子赶忙下车，想和他谈谈，他却赶快避开，最终也没能说上话。（18.5）

又有一天，一个小孩对孔子唱道："沧浪的水清啊，可以洗我的帽缨；沧浪的水浊呀，可以洗我的双足。"

这些歌谣预示着楚国守旧贵族势力强大，孔子难以有所作为，他打算离开了。这时，卫出公当权比较稳固了，孔子决定回卫国去。

六、又到卫国

孔子一行在途中见到两个高个子、满身汗和泥的人在那儿耕地，孔子就叫子路去打听渡口。其中一人长沮问子路："那位驾车的是谁？"子路说："是孔丘。"他又问："是鲁国的孔丘吗？"子路说："是的。"长沮说："他么，应该是知道渡口的。"子路只好问第二位桀溺。桀溺说："先生是谁？"子路说："我是仲由。"桀溺说："您是鲁国孔丘的门徒吗？"答道："正是。"桀溺说："洪水猛兽天下到处都是，你们和谁去改革它呢？况且，你与其跟随逃避坏人的人，还不如跟随逃避社会的人呢！"说完，仍旧不停地干农活。子路回来转告孔子。孔子失望地说："既然不可以和鸟兽合群共处，如果不和人类相处，又和谁相处呢？如果天下太平，我还用得着和你们一道改革社会吗？"（18.6）

又过了几天，子路掉队了。他碰到个老人，用拐杖挑着除草的工具。子路问："您看见我老师了吗？"老人说："有一帮人打这路过，四肢不劳动，五谷不认识，其中谁是你老师呢？"说完，插上拐杖，锄起草来。子路拱着手恭敬地站着。老人便留子路住下，杀鸡、做黄米饭给子路吃，让两个儿子出来相见。第二天，子路追上孔子，报告了这事。孔子说："好一位隐士！"叫子路原路返回去见他。子路到那，他却出门了。（18.7）

孔子知道，这些人是隐士，他们像是在讥讽自己，用意却是好的。但，孔子怎么会打退堂鼓而隐居呢？就这样，在六十三岁这年，孔子从陈国来到楚国的边境，又回到了卫国。

卫出公在位已经三年了，孔子的学生也有在卫国做事的，出公也有意请孔子出山。

子路问道："卫君等着您去处理国政，您准备先做什么？"孔子说："如我决定要干，那一定要先正名吧！"子路说："您竟然迂腐到这个地步了！何必正什么名？"孔子说："你真口不择言哪！君子对于他所不懂的，大约先搁置起来。用词不当，言语就不能表达顺畅；言语表达不顺畅，事业就不会成功；事业不成功，礼乐制度就不会复兴；礼乐制度不复兴，刑罚就不会公平允当；刑罚不公平允当，老百姓就无所适从举止失措。所以君子给某一事物命名，一定有可以这样说的理由；而这样说了，也一定要能行得通。君子

对于他的措词，要做到一点也不马虎才行。"（13.3）

这时吴国势力已经扩张北上到和鲁国接壤，吴国要求在边境和鲁国会谈，并威胁鲁国拿牛羊猪各一百头作为献礼，鲁国只好给了。吴国又要求季康子去会面，鲁国这次幸亏征用了子贡，外交上才取得小胜。这年，孔子六十四岁了。

第二年吴军又来进攻，亏得有若等人拼死抵抗，吴军才退去。季康子痛感情势危急，人才空虚，便想起前几年未及实行的打算，派人来卫国请回冉有。

弟子能回故国受重用，孔子很高兴，他希望弟子们都各展所长，兴奋地说："回去吧！回去吧！我们的弟子狂放而耿直，文采又斐然可观，我都不知道再用什么去指导他们了。"（5.22）

不久，吴国联合鲁国攻打齐国，齐军进入鲁境。鲁国执政的三家贵族都不愿抵抗，经冉有劝说，季康子和另两家才先后出兵。最终，只有冉有率领的季康子一家的军队取胜。季康子十分佩服冉有的军事才能，冉有却说这是从孔子那儿学来的，并趁机劝季康子请回孔子。

七、终于回到故国

于是，季康子派人携带重礼，恭请孔子回国，这年是哀公十一年（前484年），孔子六十八岁了，他在外漂泊了十四年。经过十四年的磨砺，孔子的思想更为成熟了。

刚回国的时候，哀公问道："要怎样做百姓才会服从呢？"孔子回答说："提拔正直的人，把他们放在邪曲的人之上，百姓就服从了；如果提拔邪曲的人，把他们放在正直的人之上，百姓就不会服从。"（2.19）

季康子苦于偷盗成风，问孔子对策。孔子答道："假如您不贪，就是奖励偷盗，他们也不干。"（12.19）

季康子想通过多杀人来使社会安定，询问孔子，孔子回答："您执政，干嘛用杀戮的办法？您乐善好德，百姓也会从善如流。大人物的作风好比风，小人物的作风好比草。风从草上面吹过，草必然朝同一方向倒伏。"（12.20）

季康子接着问要使人民心生敬畏，尽心竭力和互相勉励，应该怎么办。孔子说："你能够庄严肃穆地面临他们，他们就会对你心生敬畏了；你孝顺父母，慈爱幼小，他们对你也就会尽心竭力了；你提拔好人，教育能力弱的人，他们也就会劝勉了。"（2.20）

季氏要去攻打鲁国的附庸颛臾，冉有、子路来告知孔子。孔子首先指出颛臾是和鲁国安危与共的。然后指出冉有、子路本应劝季康子打消念头，他俩却没尽到劝说的责任。接着指出："有国家或有封地的人，不必担心衣食太少，只须担心不平均；不必担心贫困，只须担心不安定。因为如果平均了，就没有所谓贫穷；社会和谐，就不会缺衣少食；和平安定，社稷就不会倾危。这些都做到了，远方的人还不归服，再修明文教礼乐来招致他们。招来了他们，就要使他们安心。
可是你们却反其道而行之。"最后说明了自己的担忧——季
康子对颛臾动武，恐怕是针对鲁君的，因为季康子担心鲁君
一旦要收回权力，颛臾会帮助他。（16.1）

季康子已经很富有了，冉有给他当主管，使他的收入又
增长了一倍。孔子认为这会使得富的更富，穷的更穷，说了
气话："冉有不是我的弟子了，弟子们可以敲着鼓去攻击
他！"（11.17）

还有件类似的事情。弟子公西华被派往齐国，冉有要给
他的母亲送些粮食，来请示孔子。孔子说："给六斗四升。"
冉有说，加点儿吧。孔子说："再加两斗四升吧。"冉有却
给了好几石。孔子说："公西赤到齐国去，坐着高头大马拉
的车，穿着轻便暖和的皮袍。我听说，君子只雪中送炭，不
锦上添花。"（6.4）

一天，孔子和弟子们经过泰山脚下，见一位妇女在坟头
哭得很凄惨。孔子扶着车上横栏听了会儿，便让子路去问是
怎么回事。妇人告诉子路，他公公让老虎吃了，丈夫让老虎
吃了，如今儿子又让老虎吃了……"那为啥不搬走呢？""这
儿没有暴政啊。"孔子听了，说："弟子们要记住，暴政比
老虎更可怕呀！"

所以，当鲁哀公问孔子弟子有若"年成不好，国家用度
不够，应该怎么办"时，有若回答说："为什么不实行十分

抽一的税率呢？"哀公说："十分抽二，我还不够，怎么能十分抽一呢？"有若回答："如果百姓的用度够，您怎么会不够？如果百姓的用度不够，您又怎么会够？"（12.9）

在外漂泊十四年，加之年事已高，孔子认识到在这个时代想通过从政去实现理想未必可行。他说："吃粗粮，喝冷水，弯着胳膊做枕头，乐趣也在其中。干不正当的事得来的富贵，对我来说如同浮云。"（7.16）又说："财富如果可以求得，即使是手执皮鞭的低贱职业我也去干。如果不能求得，还是干我所爱好的吧。"（7.12）

"不知老之将至"的孔子，一生服膺周公，总想重现周公的事业，常常梦见这位伟人。但他发现近来不大常做这种梦了，他知道自己开始衰老了。（7.5）他常想，在生命快结束时，该干些什么呢？

八、立言不朽

比孔子早几十年的鲁国大夫叔孙豹称"立德""立功"和"立言"为"三不朽"，想来孔子是知道的。孔子一生，"立德"不消说；"立功"——做一番比肩周公的事业，既已看不到希望，年岁也不再饶人；既然来日无多，那就抓紧"立言"吧！

在最后几年的岁月里，孔子删述了《六经》——《诗经》、《书经》（即《尚书》）、《礼经》、《乐经》（后失传）、

《易经》（即《周易》）和《春秋》，丰富的民族文化遗产得以系统地保留了下来。孔子对这些书是读得烂熟的，比如他读《易经》，编连竹简的牛皮绳都断过好几次呢。咱们就重点说说《春秋》和《诗经》吧。

历史是一面镜子，可以鉴往知来，照见兴替盛衰。孔子决定整理一部史书，由于鲁国史书历来叫作"春秋"，孔子的这部书也取了这名字。

孔子是尊重历史事实的，他曾说他只是传述，不会造作（7.1）；但由于他尊重名分，反对"僭越"，便想在《春秋》里做点文章，这样就不能完全贯彻"述而不作"的初衷。比如，晋文公曾把周天子叫去开会，孔子认为若如实记录，会损害周天子的尊严，于是就记成了周天子到那里去打猎。在遣词造句上，孔子讲究"寓褒贬于微言大义之中"，想对后来的造反者有所威慑。孟子曾说："孔子成《春秋》而乱臣贼子惧。"这样一来，后来的统治者便十分重视这部书。

《春秋》是我国文化遗产中的一件瑰宝。它记载了从前722年到前481年共242年中国的历史，是世界上最早的一部编年史。它记载历史事件、天文现象，时间都很精确。与国外同类作品相比，它的神话色彩很淡，主要记录人的历史。孔子是抱着严肃认真的态度来写作《春秋》的，甚至把这部书当作生命的寄托。他说："了解我的，恐怕只有通过《春秋》吧！怪罪我的，恐怕也只有通过《春秋》吧！"

"诗三百"的说法早就存在，《论语》中就曾两见（2.2、13.5），孔子做的，是搜集、整理、校订工作。孔子非常熟悉这些诗歌，他说："读诗，可以用它借景物以抒情，可以用它观察民风世俗，可以用它相互切磋，可以用它抨击时政。近呢，靠它事奉父母；远呢，靠它服事君上；还可多多记住鸟兽草木的名称。"（17.9）孔子对儿子孔鲤说："不学诗，没法说话。"（16.13）还对他说："你学《周南》《召南》了吗？一个人不学《周南》《召南》，就好比只会对着墙壁干瞪眼的傻瓜呀！"（17.10）除上举五章外，《论语》中提到孔子和《诗经》的还有八章（1.15、3.2、3.8、3.20、7.18、8.8、8.15、9.15）。

孔子对《诗经》的整理，也是"述而不作"的：一是删汰了重复的篇章，《史记·孔子世家》和《论衡》都说过类似的话；二是按乐曲的正确音调，进行了篇章上的调整。孔子自负地说："我从卫国回到鲁国，音乐的篇章才得以纳于正轨，《雅》《颂》各得以归于适当的位置。"（9.15）

九、最后的岁月

孔子六十七岁时（哀公十年），夫人亓（qí）官氏去世了；七十岁时（哀公十三年），独子孔鲤也死了，时年五十岁；但对孔子打击最大的，还是弟子颜渊和子路的死。

孔子七十一岁时，颜渊死了，时年四十一岁。孔子悲恸欲绝，哭道："啊！老天要我的命哪！老天要我的命哪！"
（11.9）弟子劝道："老师伤心过度了！"孔子说："真伤
心过度了吗？我不为他伤心过度，又为谁伤心过度呢！"
（11.10）孔子伤心欲绝，是因为颜渊学习最刻苦。哀公曾
问孔子弟子中谁最好学。孔子回答："还是颜渊最好学，不
拿别人出气；也不犯同样的过失。不幸短命死了，现在再没
有这样的人了，再也没听说过那样好学的人了。"（6.3）
对季康子，他也说过类似的话（11.7）。孔子曾说："颜回
多好啊！一竹筐饭，一瓜瓢水，住在偏僻的巷子里，别人都
不堪忍受那忧愁，颜回却不改他的快乐。颜回多好啊！"
（6.11）

　　真是祸不单行，第二年，哀公十五年，跟随孔子长达
四十多年的子路死了。他本在孔子称赞为"敏而好学，不耻
下问"（5.15）的卫国大夫孔文子家做主管，孔文子死后，
又继续辅佐他的儿子孔悝（kuī）。哀公十五年冬，流亡在
外的卫国废太子蒯聩伙同他的姐姐（孔文子妻）发动政变，
把他儿子卫出公赶走，抢夺君位。紧急关头，子路冲进宫去，
想要救出被围困的孔悝，被蒯聩部下砍断帽带子。临危之际，
子路仍不忘老师的教导，说道："君子临死，也要戴正帽子。"
他从容把带子系好后，被砍成肉酱。时年六十三岁。

　　孔子和子路相知甚久，听闻卫国政变就断定："高柴该
会回来，子路是会牺牲的。"不久，噩耗传来，孔子来不及

进屋，在院中就嚎啕大哭起来。过了一会儿，孔子问报信人子路是怎么死的。来人说："砍成肉酱了。"孔子忙让人把酱缸盖上，免得看见了伤心。

子路虽然耿直，有时直接顶撞孔子，对孔子的教导，却能贯彻执行。孔子说君子应当"敏于事而慎于言"（1.14），子路于是每当听到孔子教导而没来得及去做时，便生怕又有所听闻（5.14）。因此他的能力也越来越强。孔子说："根据单方面的供述就可以断案的，大概只有子路吧！"（12.12）又说："我的主张贯彻不了，想坐个小木簰（pái）亡命海外，跟随我的，恐怕只有子路吧！"（5.7）现在，相当于左膀右臂的子路紧接着最得意的弟子颜回去了，对于垂暮之年的孔子，这打击有多大呀！

这时候，陪伴孔子的，只有子贡、子夏、曾子、有若等年轻弟子了。一天，孔子对子贡说："没人了解我啊！"子贡说："为什么没人了解您呢？"孔子说："不怨恨天，不责备人，学习些日常的技能，却充实完善自己到很高的境界。了解我的，大概只有老天吧！"（14.35）又有一次说："我想不说话了。"子贡说："先生假如不说话，那学生们传述什么呢？"孔子说："天说了什么呢？四季照样运行，万物照样生长，天说了什么呢？"（17.19）弟子们知道，孔子的心情是悲凉的。

一天清早，子贡去看孔子。远远望去，孔子背着手，拖着拐杖，在门口晃荡。他唱道："泰山要倒了吗？梁柱要断了吗？哲人要像草木般枯萎了吗？"子贡听到，觉得大事不妙，心想："泰山倒了，我们仰望什么？梁柱折断了，哲人枯萎了，我们依赖什么？老师怕是不行了！"于是连忙跑过去。孔子说："赐啊，你为什么这么晚才来呢？"接着说："夏朝人的棺材是停在东阶上的，殷商人的棺材是停在两个柱子中间的，周朝人的棺材是停在西阶上的。我祖上是殷人啊，我昨夜梦见自己被安放在两柱之间。我大概要死了。"

这天，孔子病了。七天后，在弟子们的悲恸中，孔子永远离开了。这时是鲁哀公十六年（前479年）的春天。

鲁哀公哀悼孔子说："老天不仁啊！连个老成人也不给我留下，让我孤苦伶仃地留下而心怀歉疚。啊！啊！悲痛啊，仲尼老爹！今后我向谁请教呢！"

孔子活了七十三虚岁，按实岁算，是七十一岁又五个多月。葬在今山东曲阜东北泗水边上的孔林。弟子们就像死了父亲，在坟边上搭棚子，一住三个年头。分别的时候，大家抱头痛哭。子贡不忍离去，又独自住了三个年头。无论凄风苦雨，或月上东山，老师的音容笑貌，总会一幕幕出现在眼前……

第二讲

《论语》所体现的孔子的思想

中华文明已有五千年历史，在国内，或海外华人社区，无论是社会精英所掌握的有文字记载的历史（历史学家把这叫作"大传统"），或是一般市民和农夫的日常生活（"小传统"），也就是每个中国人的一举手一投足所凸显出的中国气派，都可以从 2400 多年前"轴心时代"的一部经典——《论语》中找到根源。

"轴心时代"是德国现代哲学家卡尔·雅斯贝斯（Karl Jaspers）提出的理论。他指出，公元前 500 年左右，世界范围内出现了一些极不平常的事件：

在中国，孔子和老子非常活跃，中国所有的哲学流派，包括墨子、庄子、列子和诸子百家都出现了。和中国一样，印度出现了《奥义书》和佛陀，探究了从怀疑主义、唯物主义到诡辩派、虚无主义的全部范围的哲学可能性。伊朗的琐罗亚斯德传授一种挑战性的观点，认为人世生活就是一场善与恶的斗争。在巴勒斯坦，从以利亚经由以赛亚和耶利米到以赛亚第二，先知们纷纷涌现。希腊贤哲如云，其中有荷马，哲学家巴门尼德、赫拉克利特和柏拉图，许多悲剧作者，以及修昔底德和阿基米德。在这数世纪内，这些名字所包含的一切，几乎同时在中国、印度和西方这三个互不知晓的地区发展起来。（雅斯贝斯：《历史的起源与目标》，华夏出版社1989年版，第3页）

雅斯贝斯将这一时期称作世界历史的"轴心"，他说：

人类一直靠轴心时代所产生的思考和创造的一切而生存，每一次新的飞跃都回顾这一时期，并被它重燃火焰。自那以后，情况就是这样，轴心期潜力的苏醒和对轴心期潜力的回归，或者说复兴，总是提供了精神的动力。（《历史的起源与目标》，第14页）

按照美国社会学家帕森斯（Talcatt Parsons）的说法，在这一光辉灿烂的时期，在希腊、巴比伦、印度和中国四大文明发源地都经历了"哲学的突破"，就是：对人所处的宇宙的本源有了较为理性的认识，对人类所处的位置以及"人之所以成为人"有了新的理解。

在中国，离开了孔子和《论语》，"哲学的突破"这个题目就无从谈起。孔子难道只是如他所说"述而不作，信而好古"（传述而不创制礼乐，相信进而喜好古代文化——7.1）？换言之，孔子的作用何在？这是一个巨大的题目，我们不可能在这儿全面展开。正如我们在第一讲说过的，孔子是一位承前启后的关键人物。柳诒徵先生在《中国文化史》中指出："自孔子以前数千年之文化，赖孔子而传；自孔子以后数千年之文化，赖孔子而开。"

下面，我们通过《论语》，把孔子思想从几个方面逐一稍微展开，如孔子的仁学，孔子论《诗》、礼、乐，《论语》中的交友之道等。但必须说明，这仅是一鳞半爪，虽有助于大家大致了解孔子思想及《论语》的主要内容，但还不足以涵盖《论语》及孔子思想的各个方面。

孔子的仁学（兼谈"礼"）

我们知道，孔子思想以"仁"为核心，换句话说，孔子学说就是"仁学"。因此，关于它我们得多讲一点。在这一部分，我们还可以了解到"仁"和"礼""仪"的关系，了解到孔子对鬼神、天命的态度等等。

一、"仁"的四大因素和整体特征

在哲学家李泽厚先生看来，孔子的仁学由四个方面或因素构成。这四个因素相互依存、互相制约，就像三角形一样具有稳定性，从而构成一个整体，因而得以长期保持延续下来，构成了一个思想模式和文化心理结构。这一思想模式和文化心理结构又塑造了中华民族的性格。这四个方面或因素是：血缘基础、心理原则、人道主义和个体人格。四个因素合成的整体特征就是"实践理性"。

1. 血缘基础

孔子的学生有若说话很像孔子，他说："一个人的为人，既孝顺父母，又敬爱兄长，却喜欢冒犯上级，这种人是很少的；不喜欢冒犯上级，却喜欢造反，这种人从来没有过。君子致力于打基础，基础巩固了，"道"就会产生。孝顺父母，敬爱兄长，这就是"仁"的基础吧！"（1.2）

有人对孔子说："你为什么不出来参政？"孔子说："《尚书》上说：'孝啊孝，只有孝顺父母，友爱兄弟，把这种风气推行到政治上去。'这也算是参政，什么才叫作参政呢？"（2.21）

孔子又说："后生小子，在家便孝顺父母，出门便敬爱兄长，谨慎而且信实，博爱大众，亲近有仁德的人。这样做了之后，有剩余力量，才去学习文献。"（1.6）

他又说："……君子厚待亲族，老百姓就会奔向仁德。"（8.2）

恩格斯指出：亲属关系在一切氏族社会中起着决定作用（《家庭、私有制和国家的起源》）。从上文我们不难看出，正是孔子，在当时靠亲属关系维系的氏族体制崩坍的时代条件下，把这种血缘关系和历史传统升华为意识形态上的自觉主张，并对这种血缘亲属关系做出了明明白白的政治上的解释，使它摆脱了原先氏族社会的历史限制，强调它具有普遍和长久的意义。这就很重要了，特别是把它和下面要讲的心理原则联系起来并扩展为第三个因素"人道主义"之后，意义就更为重大了。

2．心理原则

孔子三十五岁那一年，也就是鲁昭公二十五年，《左传》记载，在这年子太叔进见赵简子，赵简子询问接待国内外贵族的"礼"。子太叔回答说："这只是'仪'，而不算是'礼'。"赵简子问："请问什么是'礼'？"子太叔回答："礼，是上天的规范，大地的准则，百姓行动的依据。当百姓失去本性的时候，就制作'礼'来使他们有所遵循。制定了六畜、五牲、三仪，以使五味有所遵循；……制定君臣上下的关系，以效法大地的准则；制定夫妇内外的关系，以规范两种事物；制定父子、兄弟、姑姊、甥舅、翁婿、连襟的关系，以象征上天的明亮；制定政策政令、农工管理、行动措施，以随顺四时。哀痛有哭泣，欢乐有歌舞，高兴有施舍，愤怒有战斗。高兴从爱好产生，愤怒从讨厌产生。所以要使行动审慎，使命令有信用，用祸福赏罚，制约死生。"

第一，这段话说明"礼"不是"仪"。这从反面证明，"礼"和"仪"本来是分不开的，它们是原始的带有宗教性的礼仪巫术的延续。如今需要区别开，来确定"礼"的内在本质。因为这时"礼"已是自觉的、明确的社会规范，其中包含重要的统治秩序，不能再是那种包罗万象而含糊不清的原始礼仪了。第二，这段话还说明了，作为统治秩序和社会规范的"礼"，是以食色声味和喜怒哀乐等"人性"为基础的，统治规范不能脱离人的食色好恶。那么，接下来的问题是，这一作为基础的"人性"是什么？《论语·阳货》（17.21）记载了孔子回答宰我的话：

　　宰我问："父母死了，守孝三年，也似乎太久了。君子三年不习礼仪，礼仪一定会毁坏；三年不奏音乐，音乐一定会崩塌。陈谷已经吃光，新谷又已登场；打火的燧木都轮换了一回，一周年也就够了。"

　　孔子说："白米饭让你吃着，花缎衣让你穿着，这样做你能心安理得吗？"

　　宰我说："心安。"

　　"你心安，你就那样做吧！君子的守孝，吃美味不觉得甘甜，听音乐不觉得快乐，日常起居不觉得舒适，所以才不那样做。如今你既然心安理得，就那样做好了！"

　　宰我退出去了。孔子说："宰予真不仁哪！儿女生下三个年头，才能脱离父母的怀抱。那三年的丧期，是天下通行的。宰予呀有没有从他父母那儿得到三年怀抱的呵护呢？"

与子太叔对"礼"所作新解释、新规定（这是当时的潮流）相符合，孔子把"三年之丧"的传统礼制，直接归结为亲子之爱这种人情事理。就这样，他把"礼"和"仪"从一种对人的外在的规范约束解说成了人心的内在要求，把原来僵硬的强制规定，提高为生活的自觉理念，把一种宗教性、神秘性的东西变成了人情日用的常情常理，"礼"也因此变得更有人性，更贴近生活。就这样，"神"的准绳命令变成了人的内在需求和自觉意识，由服从于神变成服从于人、服从于自己。这个转变在中国古代思想史上具有划时代的意义。

孔子说的和子太叔说的一比较，就可看出，孔子对"礼"的解释，更符合生活的要求，更可接受，更能付诸实施。孔子所说，没有高深的玄理，没有神秘的教义。和一些宗教相比，孔子没有原罪观念和禁欲意识，相反，他肯定了正常情欲的合理性，强调对它的合理引导。这就避免了、抵制了舍弃或轻视现实人生的悲观主义（如庄子的思想）和宗教的出世观念。

由于强调这种内在心理依据，"仁"在孔子思想以及后来的儒学中不仅仅比"仪"地位更高，而且也使"礼"从属于"仁"。孔子用"仁"解"礼"，目的本来是为了"复礼"，然而最终结果反而使得孔子所发掘、所强调的"仁"——人性心理原则，成了更本质的东西——外在的血缘（礼）服从于内在的心理（仁）。他说："现在的所谓孝，是说能够养活父母，而且父母的狗和马也能够得到饲养。父母、狗和马全能够养着，若不对父母心存敬畏，用什么去区别赡养父母和饲养狗、马呢？"（2.7）"作为一个人，却不仁，拿礼仪制度怎么办？作为一个人，却不仁，拿音乐怎么办？"（3.3）"就一般礼仪说，与其铺张浪费，宁可朴素节俭；就丧礼说，与其强忍悲痛而和颜悦色，宁可大放悲声。"（3.4）"所谓礼呀，仅仅是指玉帛吗？所谓乐呀，仅仅是指钟鼓吗？"（17.11）

归纳上面孔子所说可以知道，不仅外在的形式（仪：玉帛、钟鼓），而且外在的实质（礼）都是从属的、次要的；根本的、主要的是人的内在伦理——心理状态，也就是"人性"——这就是"仁"的本质。

3．人道主义

因为孔子的"仁学"建立在人的真情实感之上，所以仁学凸显了原始氏族体制中所具有的民主性和人道主义。也就是把对自己双亲的爱，推广扩展到周围的人群——"博爱大众"（1.6）。孔子强调"爱他人"（1.5、12.23），"老人，让他安逸；朋友，让他信任我；年轻人，让他怀念我"（5.26），"宽厚就会深得人心……慈惠就足以让人为你出力"（17.6），"如果百姓的用度够，您怎么会不够？如果百姓的用度不够，您又怎么会够？"（12.9），"不教育便杀戮叫作'虐'，不申诫只看成绩叫作'暴'"（20.2），"（孔子）问：'伤了人吗？'却不问马"（10.16），"境内的人欢悦，

境外的人来归"（13.16），"修明文教礼乐来招致他们"（16.1），
这充分表明孔子主张维护氏族统治体系仍然保留的原始民主
和原始人道，坚决反对过分的、残暴的、赤裸裸的压迫和
剥削。

4．个体人格

在周天子大权旁落——原有的权威已经丧失其力量的
"礼崩乐坏"的时代，孔子用心理原则的"仁"来解释"礼"，
实际上就是把复兴那保留原始民主和原始人道的"周礼"的
任务和要求直接交给了氏族贵族的个体成员（即"君子"），
要求他们自觉地、主动地、积极地去承担这一历史重任，把
它作为生活的至高无上的目标和义务。孔子再三强调："实
践仁德，全靠自己。"（12.1）"仁德离我们很远吗？我要
仁德，它就来了。"（7.30）"仁德当前，义无反顾；即便
是老师，也不谦让。"（15.36）"'仁'是什么？自己要
站得住，也要让别人站得住；自己要行得通，也要让别人行
得通。能够设身处地为他人着想，可以说是实践仁德的方法
了。"（6.30）这都表明，"仁"既非常"高大上"，又非
常贴近日常生活；既是历史责任感，又是主观能动性；既是
理想人格，又是个体行为。而前文所说的人道主义、心理原
则和血缘关系等等，都必须落实在这一个体人格的塑造之上。

以上血缘基础、心理原则、人道主义和个体人格四个因
素相互作用产生的共同特征，就叫作"实践理性"。

为什么要叫"理性"呢？当时怀疑"神"的存在的思想已经兴起，如《左传》中有以下说法："天道幽远，人道切近。"（《昭公十八年》）"百姓，是神灵的主人。因此圣王先团结百姓而后才致力于神灵。"（《桓公六年》）"国家将要兴起，听百姓的；将要灭亡，听神灵的。"（《庄公三十二年》）孔子用"仁"来解释"礼"，符合这一思潮。这就是理性的。和其他思潮或宗教不同，孔子的仁学不是用禁欲或纵欲扼杀（如墨子）或放纵（如庄子）人的情感，而是用理智引导、满足、节制情欲。不是对别人、对自己采取虚无主义（如庄子）或利己主义（如杨朱），而是在人道和人格的追求中取得均衡。不需要人类之外的上帝的命令，不盲从非理性的权威，而是可以靠人道主义去拯救世界，并且靠个体人格和使命感完善自我。不厌弃人世，也不自我屈辱而"以德报怨"。总之，一切都出于人的理性。"孔子不谈怪异、勇力、叛乱和鬼神。"（7.21）"活人还服事不过来，怎能去服事死人？"（11.12）"生的道理还弄不明白，哪里知道死是怎么回事？"（11.12）。在当时甚至后世，肯定或否定鬼神，都很难找到确证，所以孔子"既要敬畏鬼神，但又不太接近他"（6.22），这就是一种理性的态度。墨子攻击这种态度说"儒以天为不明，以鬼为不神"（《墨子·公孟》），这从反面说明了这一理性精神。中国的宗教从没能发展到和世俗政权分庭抗礼（就像法国大仲马《三个火枪手》书中描写的那样，红衣大主教能和国王对着干），和孔子及儒家对鬼神的态度大有关系。

这种理性有着重视现实问题的特点，也就是说，它不追求在理论上探求、讨论、争辩难以解决的哲学课题，重要的是在现实生活中如何妥善处理它。它不追求来世拯救，此生积德下辈子上天堂，或灵魂不朽，而把一切拯救、不朽都放在人世间的功业文章中——"用我，就行动起来；不用，就隐藏起来。"（7.11）这一切都不需要宗教狂热或神秘教义，只要用理性作为实践的引导，来规范、来调节情感、欲望和意志就行了。在孔子看来，重要的不是言论，不是思辨，而是行动。"君子希望言语要谨慎迟钝，工作要勤快敏捷。"（4.24）"听到某人的话，还要考察他的行为。"（5.10）"君子以为可耻的是，说的超过做的。"（14.27）"古时候的人言语不轻易说出口，就是怕因自己来不及实行而羞耻。"（4.22）

血缘、心理、人道和人格终于形成了这样一个以实用理性为特征的思想模式。李泽厚先生指出，孔子尽管在当时的政治事业中失败了——他没能"克己复礼"，但在建立或塑造中国的民族文化－心理结构上，却成功了。孔子在中国历史上的地位极其重要，就在这里。而且，这一民族文化－心理结构具有稳定性，一直延续了下来。

二、孔子"仁学"的缺点和长处

孔子以"仁学"为主的思想，其缺点是因循、保守；其长处：

第一，它的人道精神和人格理想、乐观进取的人生态度、舍我其谁的实践精神……在漫长的中国历史上感染、教育、熏陶了不少仁人志士，如范仲淹的"先天下之忧而忧，后天下之乐而乐"，张载的"民吾同胞，物吾与也"，顾炎武的"天下兴亡，匹夫有责"，王夫之的"六经责我开生面，七尺从天乞活埋"……这就是鲁迅先生所说："我们自古以来，就有埋头苦干的人，有拼命硬干的人，有为民请命的人，有舍身求法的人……虽是等于为帝王将相作家谱的所谓'正史'，也往往掩不住他们的光耀，这就是中国的脊梁。"

第二，孔子用"仁"来解释"礼"，把外在的礼仪改造为文化–心理结构，使每个人都认识到他在世界的位置、价值和意义，就存在于他和别人交往的现实世界中，在现实世界与别人的交往中，就可以实现社会理想，完成个体人格，满足和安慰心灵。这样，就不需要放弃人世间，不需要否定日常生活，而去追求灵魂的超度。在物质文明高度发展，科技力量分外加强，人人追求实现自我的今天，这种强调只有和广大人群交往才能实现自我的价值观，尤其具有重要的意义。

三、"仁"的几个特点

《论语》中的"仁"，从大的方面说，它指在天下范围内行仁政；从小的方面说，它指"爱人"，指"忠恕"，指做人的根本——孝悌（tì）。要做一个真正的"仁人"很难，但每个人随时随地都可一点一滴地行善——践履仁德。

1."仁"是人之所以区别于禽兽的本质所在，人活着就要践履仁德；同时，"仁"也是人生追求的最高境界与目标。志士仁人，一方面时时与"仁"同在，"不违仁"（6.7），一方面以在天下实行仁德为己任。

孔子说："仁，是做人的道理。"（《礼记·中庸》）又说："发财升官，这是人人所渴望的；不是为了追求仁道却侥幸得到它，君子不接受。穷愁潦倒，这是人人所厌恶的；不是为了追求仁道却不幸得到它，君子不离开。君子背离了仁德，怎样去成就他的名声呢？君子不会在哪怕吃一顿饭的时间背离仁德。仓促匆忙之际，他与仁德同在；流离颠沛之时，他与仁德同在。"（4.5）孔子最得意的弟子颜回"他的心长时间都不离开仁德"，孔子便称赞他"贤"（6.7）。

"仁"是毕生为之奋斗的目标："士人不可以不宽宏大量而又果决能断，因为他负担沉重，路途遥远。以实现仁德为己任，不是很沉重吗？奋斗到死才算完，不是很遥远吗？"（8.7）为了成全仁德，不惜献出生命："志士仁人，没有贪生怕死而损害仁德的，只有牺牲自己来成全仁德的。"（15.9）"仁"既是最高境界与目标，义、忠、恕、孝、悌都是广义的"仁"的子项。

2. "仁"是实践"天下为公"这一最高目标的重要步骤。《礼记·礼运》记载了孔子关于"天下大同"的设想：

> 大道之行也，天下为公。选贤与能，讲信修睦。故人不独亲其亲，不独子其子，使老有所终，壮有所用，幼有所长，矜寡孤独废疾者皆有所养，男有分，女有归。货恶其弃于地也，不必藏于己；力恶其不出于身也，不必为己。是故谋闭而不兴，盗窃乱贼而不作，故外户而不闭，是谓大同。

这一设想大约就是所谓"博施于民而能济众"。"子贡问："如果有人能广施仁惠给百姓，帮助大家生活得好，怎么样？可以说是"仁"了吗？"孔子说："为什么仅仅用"仁"来评价？一定要评价的话，那就是"圣"了。对此，尧舜都有遗憾呢！仁是什么？自己要站得住，也要让别人站得住；自己要行得通，也要让别人行得通。能够设身处地为他人着想，可以说是实践仁德的方法了。""（6.30）从这里可以看出，"圣"包含了"仁"，"仁"与"圣"是一致的，"圣"比"仁"境界更高。

在《论语》中，孔子认为子路、冉有、公西华、令尹子文、陈文子都没有达到"仁"的境界，却认为管仲的所作所为符合"仁"："管仲辅相桓公，让他称霸诸侯，使普天之下都得到匡正，人民到今天还受到他的恩赐。假如没有管仲，我们都会披散着头发，衣襟向左边开着，沦落为夷狄了。"（14.17）"齐桓公多次召集诸侯盟会，却未动干戈，这都是管仲的力量。他这样做，符合仁德啊，符合仁德！"（14.16）

在孔子看来，尽管管仲既不知俭，又不知礼（3.22），但因为帮助齐桓公使天下有一个较长时间安定的局面，有助于人民休养生息，其所作所为就符合"仁"。

3."仁"是从日常事物中一点一滴地积累起来的。"仁"是爱人。践履仁德的方法是推己及人，由近及远。

孔子不轻易许人以"仁"，"仁"是否就高不可攀呢？不是！成仁入圣，一般人难以企及；但要践履仁德，却随时可以从身边的小事做起。"实践仁德，全靠自己。"（12.1）"仁德离我们很远吗？我要仁德，它就来了。"（7.30）"仁人，他的言语迟钝。"（12.3）"仁德的人先历经坎坷，然后收获果实。"（6.22）"刚强、果决、质朴、慎言，这些品质近于仁德。"（13.27）"花言巧语，满脸堆笑，这种人，是不会有多少仁德的。"（1.3）"子张向孔子问仁。孔子说：'能够贯彻以下五者于天下，就是仁了。'子张说：'请问是什么？'孔子说：'庄重、宽厚、诚实、勤敏、慈惠。庄重就不致遭受侮辱，宽厚就会深得人心，诚实就会得到别人任用，勤敏工作效率就高，贡献就大，慈惠就足以让人为你出力。'"（17.6）

当然，"仁"不是琐碎的道德规范，而是"有个观念贯穿始终"（4.15）的。具体说来，"仁"即是"爱他人"（1.5、12.23）："孔子的马棚失了火。孔子刚好退朝，问：'伤了人吗？'却不问马。"（10.16）

"仁"的本源是孝悌。"君子致力于打基础，基础巩固了，'道'就会产生。孝顺父母，敬爱兄长，这就是'仁'的基础吧！"（1.2）为什么说"孝悌"是"仁"的本源呢？因为行仁的方法，其实就是将对亲人的爱加以推广扩充，所谓由近及远，由己及人。"君子厚待亲族，老百姓就会奔向仁德。"（8.2）从消极的方面说，"自己所不喜欢的，不要施加给别人"（12.2、15.24），这就是忠恕，"他老人家的学说嘛，不过'忠'和'恕'罢了"（4.15）。从积极的方面说，就是要推己及人。"'仁'是什么？自己要站得住，也要让别人站得住；自己要行得通，也要让别人行得通。能够设身处地为他人着想，可以说是实践仁德的方法了。"（6.30）这就是孟子所说："君子亲爱亲人，进而仁爱百姓；仁爱百姓，进而爱惜万物。"（《尽心上》）"孝敬我家里的长辈，并把这孝敬推广到别人家的长辈；呵护我家里的儿女，并把这呵护推广到别人家的儿女。"（《梁惠王上》）

这也就是宋代张载所谓"民众是我的兄弟,万物是我的朋友"(《张载集·西铭篇》)。这种将亲情之爱推广到极限的"博爱",把人类精神提扬到了"天人合一"的境界。这种精神对于建设"人类命运共同体",无疑具有极大的作用。

四、"仁"的主要内容:孝悌、忠信、恭敬和智勇

中国古代是不大讲究形式逻辑的。按理,"孝""悌""忠"是包括在"仁"里面的,但一般又常说"忠孝仁爱",把它们并列起来。按照撰有《孔子评传》的著名学者匡亚明的说法,孔子以"仁"为核心的道德规范体系中,主要包括"孝悌""忠信""恭敬"和"智勇"等内容。那么,我们依次来讲讲。

1.孝悌

先来讲"孝"和"悌"("悌"的古字写成"弟",《论语》中就是这样)。

其实前面已经涉及了"孝":孔子的"仁",就是把对自己双亲的爱,推广扩展到周围的人群——"泛爱众",所以"仁者爱人",要"老者安之,朋友信之,少者怀之"。从这里我们不难看出,"孝"是"仁"的基础和开始的地方。

人一出生,首先接触到的人就是父母、兄弟等,古今中外,莫不如此。所以孔子在他的伦理思想中首先着重强调了

父子、兄弟之间相处的道德准则，这就是孝悌。孝，指尊敬父母；悌，指尊重兄长。孔子说："后生小子，在家便孝顺父母，出门便敬爱兄长。"（1.6）"出外便服事公卿，入门便服事父兄。"（9.16）由于当时的家族组织与行政组织的结构是类似的（家国一体），在家能孝悌的人，在政治上必能敬重君主、公卿。所以，"一个人的为人，既孝顺父母，又敬爱兄长，却喜欢冒犯上级，这种人是很少的"（1.2）。同时由于对于各种人的仁爱都是由"孝悌"这种父子兄弟之爱推生出来的，所以孔子学生有若说："君子致力于打基础，基础巩固了，'道'就会产生。孝顺父母，敬爱兄长，这就是'仁'的基础吧！"（同上）正因为这样，我们谈了仁学之后，首先谈"孝悌"。

在"孝"和"悌"两者之中，孔子更重视"孝"。怎样做才算是孝呢？首先是合乎礼的要求。孔子说："父母健在，依礼侍奉他们；死了，依礼安葬他们，祭祀他们。"（2.5）但正如上文所说，在"礼"中，孔子更重视实质，而对仪式看得轻些；而"礼"又是服从、服务于"仁"的。所以，合于"礼"绝不是为了形式，要有真情实感的付出。他说："现在的所谓孝，是说能够养活父母，但是父母的狗和马也能够得到饲养。父母、狗和马全能够养着，若不对父母心存敬畏，用什么去区别赡养父母和饲养狗、马呢？"（2.7）孟子的一段话很能说明这一点。他说："从前曾子奉养他的父亲曾皙，每餐一定都有酒有肉。撤席时一定要问剩下的给谁，曾皙如果问是否还有剩馀，一定回答'还有'。曾皙死了，曾元养曾子，也一定有酒有肉。撤席时便不问剩下的给谁了，曾子若问是否还有剩，便回答'没有了'，准备下餐再给曾子吃。这个叫作口体之养。至于曾子，才可以叫作顺从亲意之养。侍奉父母能做到像曾子那样，就可以了。"（《孟子·离娄上》）所以当子夏问怎样行孝时，孔子回答："在父母前总是和颜悦色，难啊！"（2.8）也就是说，赡养父母不是光满足物质上的需求就行了，而要让他们精神上愉悦，感到有尊严。如果没有这个，即使做到了"有事情，年轻人效劳；有酒菜，年长者享用"（同上），也不能算尽到了孝。当今，随着人民生活的极大改善，物质上的满足越来越容易了，精神上让父母感到愉悦便越来越重要。这样看来，孔子所说的这些，如今还是意义重大的。

2. 忠信

"忠"在上古汉语中的意思是对所有人尽心竭力，诚实负责；这点，咱们在第四讲还要细谈。孔子要求"为人办事尽心竭力"（13.19）。孔子的弟子曾参就经常检查自己"为别人办事是否尽心竭力了"（1.4），并且体会到孔子的学说用"忠"和"恕"两个字就可以概括。孔子说："'参哪！我的学说有个观念贯穿始终。'曾子说：'是。'孔子走出去以后，学生们便问道：'什么意思？'曾子说：'他老人家的学说嘛，不过"忠"和"恕"罢了。'"（4.15）怎样才算对别人（包括学生）尽心竭力，诚实负责呢？孔子说："爱他，能不让他操劳吗？为他着想，能够不教诲他吗？"（14.7）对学生，既要身教，又要言教；言教时，说话要认真负责（"言思忠。"——16.10）。

怎样才能让百姓尽心竭力，诚实负责呢？还是要君子通过孝敬父母、慈爱子女来率先垂范才行（"孝慈，则忠。"——2.20）。而且，首先是官员要做到"忠"："子张请教执政之道。孔子说：'在岗位上兢兢业业，执行政令竭力尽心。'"（12.15）

孔子要"克己复礼"，当然主张对君主也讲求"忠"。孔子主张"君主使用臣子应该合乎礼仪，臣子服事君主应该尽心竭力"（3.19），"依照礼节服事君主"（3.18），"侍奉君上，能够献身"（1.7）。这种君臣关系当然是不平等的。但是，孔子主张的"忠君"和后世，特别是宋、明、清以后的儒家主张的"忠君"有很大的不同。后世儒家为了适应专制主义和中央集权制度的需要，吸收法家思想，把忠君解释为君对臣的绝对统治、臣对君的绝对服从。唐朝的韩愈作了一首琴歌，叫《羑（yǒu）里操》。羑里在今河南北部的汤阴县，据说是纣王囚禁周文王的地方。韩愈用他那一时代的儒家思想揣摩周文王的想法，写下了两句话："臣罪当诛兮，天王圣明。"——暴君商纣王要处死周文王，文王也不该抱怨，依然应该忠心耿耿。但孔子的"臣事君以忠"，却是以"君事臣以礼"为前提的。孟子阐述了孔子这一思想："君主把臣子看作自己的手和脚，那臣子就会把君主看作自己的腹和心；君主把臣子看作狗和马，那臣子就会把君主看作一般的人；君主把臣子看作泥土草芥，那臣子就会把君主看作强盗仇敌。"（《孟子·离娄下》）当齐宣王问孟子，君主要怎样做，当他死了之后，已经离职的臣子才会为他穿孝服时，孟子回答："臣的忠告他接受，臣的建议他听从；恩惠落实到老百姓；有缘故不得不离开，君主一定派人引导这位大臣离开国境，又先派人到他要去的地方为之美言一番。离开好几年还不回来，才收回他的土地和住房。这个叫作三有礼。这样做，臣子就会为他服孝了。现在做臣子的，忠告，君主不接受；建议，君主不听从。老百姓也得不到实惠。臣子有缘故不得不离开，那君主还把他绑起来；还到他要去的地方把坏事做绝，叫他走投无路。离开那一天，马上收回他的土地和住房。这个叫强盗仇敌。对强盗仇敌般的旧君，干嘛要为他服孝呢？"（同上）所以，当齐宣王问和王室同宗的公卿的责任时，孟子回答："国君若有重大错误，他便劝谏；反复劝谏而不听从，就废掉他而改立别人。"（《万章下》）这一番话，把齐宣王吓得脸色都变了。有次，齐宣王又问："商汤放逐夏桀，周武王讨伐商纣王，有这回事吧？"孟子答道："史书上有这样的记载。"宣王说："作臣子的杀害他的君主，可以吗？"孟子说："破坏仁爱的人叫作'贼'，破坏道义的人叫作'残'。残贼俱全的人，叫作'独夫'。我只听说过武王诛杀了独夫殷纣，没有听说过他是以臣弑君的。"（《梁惠王下》）孟子是孔子孙子子思的学生，他的说法基本上代表了孔子的思想；当然，在代表民众利益去反对暴君这一点上，孟子比孔子走得更远些。

即使对后来儒家提倡的"忠君爱国"思想，也应该一分为二地看待。在古代，君往往是国家、民族的代表或象征。现在，农村的厅堂里往往高悬着"天地国亲师"牌位；在民国以前，这牌位是"天地君亲师"。每当有外族进犯的时候，人们的爱国主义思想往往和忠君联系在一起。岳飞的《满江红》，在"待从头，收拾旧山河"之后，也不忘"朝天阙"。在这种情况下，忠君思想往往就具有积极因素。

"信"就是诚实无欺。孔子认为，作为一个君子，一个有道德的正派人，必须"办事要严肃认真，诚实无欺"（1.5），"谨慎而且信实"（1.6），"说话一定诚实守信"（1.7）。他指出："诚实就会得到别人任用。"（17.6）"居于上位者爱好诚信，百姓就没有人敢不说真话。"（13.4）因此"信"不仅是普通人与人之间的交友之道，也是为官和治国之道。但孔子不赞成无原则地守信。他说："言语必定信实，行动必定果断，这是固执而不会通权达变的小人哪！"（13.20）重然诺而不知分辨善恶是非，言必信，行必果，往往会犯大

错误。所以孔子的学生有若说："诺言大致符合义，说的话才能兑现。"（1.13）

"忠"和"信"有类似的、共同的地方，就是诚实负责，所以孔子经常同时说到"忠"和"信"："主忠信。"（要时时恪守忠诚信实——1.8）孔子用四种内容教育学生："文、行、忠、信。"（历代文献、社会实践、对人忠心、讲求诚信——7.25）当然，他教育别人，自己先得做表率，对此他颇有自信：十来户人家的小村落，"必有忠信如丘者"，只是不像我这样好学罢了。（5.28）"忠信"是主张得以贯彻执行的必要保证："子张问主张怎样才能行得通。孔子说：'言语忠诚老实，行为忠厚严肃，即使到蛮貊（mò）的国度，主张也能行得通。言语不忠诚老实，行为不忠厚严肃，即使在本乡本土，主张能行得通吗？站立时，看见"忠诚老实忠厚严肃"几个字在面前晃着；在车里，看见它刻在前面的横木上。那样才能到处行得通。'"（15.6）

3.恭敬

"恭"就是对自己庄重严肃，对人谦虚和平。孔子主张"居处恭""貌思恭"，认为"恭"是做一个君子的必要条件。但他反对不是发自肺腑而是做作的恭顺："恭而无礼则劳。"（8.2）他更反感装出来的恭顺："巧言令色足恭，左丘明耻之，丘亦耻之。"（5.25）这种虚伪的恭顺让人感到耻辱。所以要做到"恭"，也必须依礼而行。有若说："恭近于礼，远耻辱也。"

"敬"就是严肃认真地对事对人。"恭"和"敬"是同义词。我们知道，同义词的99.9%以上都是近义词，所谓近义词，是指意义大同小异的词。那么，"敬"和"恭"的区别何在呢？两者相比，敬，注重内心，指一种严肃认真的态度；恭，如上文所言，指外表庄重严肃，对人谦虚和平。孔子认为这两者都是不可或缺的。他要求以下三点即使走到天涯海角，也不能放弃："居处恭，执事敬，与人忠。"（日常起居彬彬有礼，对待工作严肃认真，为人办事尽心竭力。——13.19）他还说："事思敬。"（工作要想到严肃认真——16.10）这，恐怕是我国最早的职业道德理论了。在对人的方面，孔子主张敬父母，他曾说如果不对父母心存敬畏，用什么去区别赡养父母和饲养狗马呢？他也说过要敬上级，赞扬子产"他用认真负责的态度侍奉君上"（5.16）。他还说过要敬朋友，赞扬晏子说："晏平仲善于和别人交朋友，相交越久，别人越尊敬他。"（5.17）

孔子的恭敬都是与礼相符合的，因此不可避免地具有宗法等级制度的色彩。但另一方面，恭和敬毕竟指出人与人相互交往中必须遵守的彼此尊重、礼貌相待的原则，这些，才是我们应当充分将之发扬光大的。

4. 智勇

孔子说："君子之道有三……仁者常乐天，智者不疑惑，勇者大无畏。"（14.28）这就是说知（智）、勇和仁一样是君子之道的一个方面。孔子说："仁者心安理得于实行仁德，聪明人利用仁来获取长远利益。"（4.2）智者由于他们的智慧，认识到行仁有利，他便行仁。这和仁者的不行仁便不安比起来虽逊一筹，也已难能可贵。智者能知人，能知言，因而可以通权达变。要成为仁人，要在天下实行仁德，只有仁没有智慧是不行的。孔子两次说："未能做到'智'，怎能够算'仁'呢？"（5.19）但光有"智"没有"仁"更不行："选择居所，那儿却没有仁德，怎么能算聪明呢？"（4.1）所以，孔子经常把"仁"和"智"并列。他说："智者喜爱绿水，仁人喜爱青山。智者活动，仁人沉静。智者快乐，仁人长寿。"（6.23）

需要指出的是，把"智"和"仁"并列是当时人通常的做法，不是孔子首创的。例如孔子学生樊迟首先问什么是"仁"，孔子说："爱别人。"紧接着又问什么是"智"，孔子说："善于鉴别人物。"（12.23）即便是孔子讨厌的阳货，也在劝孔子出来做官时先说"仁"而紧接着说"智"："过来，我和你谈谈！"过了会儿，见孔子不答话，阳货又说："空怀着一身本领，却听任国事糜烂，可以叫作'仁'吗？"见孔子还不答话，阳货只好又说："不可以。投身事业，却屡屡错失良机，可以叫作'智'吗？"（17.1）

勇，即果敢，主要指道德实践方面的勇气。孔子说："见义不为，无勇也。"（2.24）所以，"勇"即见义勇为，包括勇于行仁、勇于改过等等。如果不在"义"的指导下发挥"勇"，那就不是美德，而是恶德了。孔子说："若只有勇而无义，就会犯上作乱。"（17.23）因而必须"认为义最高尚"（同上），使"勇"受"义"统率。

君子与小人

　　杨伯峻先生在他的《论语译注》中说："《论语》中的'君子'，有时指'有德者'，有时指'有位者'。"经全面考察，杨先生所说是对的。

　　春秋时逐渐"礼崩乐坏"，有些处于"君子"地位的人便被斥为"小人"。当时典籍中此类例证不少。

　　"小人"也可用于谦称。许多地位为"君子"者在地位更高或年龄较自己为长的"君子"前自称"小人"。如著名的《子产不毁乡校》故事中，提出"毁乡校"的贵族然明，在子产批评后认识到自己的错误时说："小人实不才！"（《左传·襄公三十一年》）如子罕为宋国司城（司空），当然可位于"君子"之列，但相对于宋平公，也自称"小人"（《左传·襄公十八年》）。

　　孔子所说的"君子"和"小人"，大多是以德言的。《论语》中提到"君子"多达一百多处，除极少数指在高位的外，都指有德者。孔子认为，作为君子，要想着大义："君子明白的是义，小人明白的是利。"（4.16）孔子提醒子夏："你要做君子般的儒者，不要做小人般的儒者！"（6.13）君子不是为了利益，而是为了大义才团结在一起："君子团结而不勾结，小人勾结而不团结。"（2.14）正因为这样，"君子心地平坦宽广，小人总是忧虑不安"（7.37），"君子成全别人，而不促人作恶，小人与此相反"（12.17）。正因为这样，孔子才说："在君子手下工作容易，却难取悦于他。不用正当的方法取悦他，他是不会高兴的；等到他用人的时候，却能使人各得其所。在小人手下工作很难，取悦他却容易。用不正当的方法取悦他，他会高兴的；等到他用人的时候，却会求全责备。"（13.25）

也正因为君子心地平坦宽广，小人总是忧虑不安，当学生司马牛问怎样做一个君子时，孔子才说"君子不忧愁，不恐惧"，因为"问心无愧，哪有什么可以忧愁和恐惧的呢？"（12.4）当司马牛忧虑地说自己没有好兄弟时，同学子夏也说："死生交给命运，富贵全凭老天。君子只管严肃认真，没有过失，对他人谦恭有礼，普天之下，到处都是好兄弟——君子哪里用得着担心没有兄弟呢？"（12.5）

做一个君子，要加强各方面的修养："君子认为可耻的是，说的超过做的。"（14.27）"君子，不庄重，就没有

威严；学习了，就不致固陋无知。要时时恪守忠诚信实。不要跟不如自己的人交朋友。有了过错，就不要怕改正。"(1.8)

"君子有三件事要戒备：年轻时，身体心理尚未健全，要戒备迷恋女色；到了壮年，气血正旺盛，要戒备争强好胜；等到年老了，血气已经衰弱，要戒备贪得无厌。"（16.7）"君子不因为别人话说得好就提拔他，也不因为他是坏人而废弃他的好话。"（15.23）"质朴多于文采，难免粗野；文采多于质朴，难免虚浮。文采和质朴配合得恰到好处，这样才成为君子。"（6.18）"君子没有什么可争的事情，定要有所争，一定是比箭吧！那时相互作揖后登堂竞赛，然后下堂喝酒。这种竞争是很有君子风度的。"（3.7）

孔子常勉励学生要及时提高自己的德行和能力，以免一生虚度："君子痛恨的是，到死名字都不被人家称述。"（15.20）"君子只为自己无能而痛苦，不为他人不了解自己而痛苦。"（15.19）

正因为这样，君子要经得起艰难困苦的考验。在陈国绝粮，大家饿得爬不起来的时候，孔子说："君子固然有困顿的时候，而小人一困顿，就无所不为了。"（15.2）是的，正如孔子所说："天寒地冻，才知道松针柏叶是最后凋落的。"（9.28）

也正因为这样，君子要勇于改正错误。"君子的过失好比日食月食：犯错的时候，人们都能看见；改正的时候，人们都很敬仰。"（19.21）"而小人犯了错误，必定加以掩饰。"（19.8）

论《诗》、礼、乐

　　《史记·孔子世家》说："孔子以《诗》、《书》、礼、乐教，弟子盖三千焉。"韩愈说《书经》"佶屈聱牙"，内容是商、周历史资料，我们暂不说它，这里只说《诗》、礼、乐——正如孔子所说："《诗》提高我的修养，礼使我立足社会，音乐健全我的人格。"（8.8）

　　孔子整理过《诗经》，他说："学生们为什么没人学那诗歌？读诗，可以用它借景物以抒情，可以用它观察民风世俗，可以用它相互切磋，可以用它抨击时政。近呢，靠它事奉父母；远呢，靠它服事君上；还可多多记住鸟兽草木的名称。"（17.9）

　　有一次，弟子陈亢（gāng）问孔子儿子孔伯鱼："您在老师那儿，也有与众不同的闻见吗？"伯鱼答道："没有。他曾经独自站在庭中，我恭敬地走过。他问我：'学诗没有？'我说：'还没呢。'他便说：'不学诗，没法说话。'我退下后就开始学诗。过了几天，他又独自站在庭中，我又恭敬地走过。他问：'学礼没有？'我说：'还没呢。'他说：'不学礼，没法立足社会。'我退下后就开始学礼。就只听到这两件。"（16.13）陈亢回去后高兴地说："我问一而得到了三：了解了诗，了解了礼，又了解君子是如何不偏爱自己儿子的。"

当然，孔子不是主张死读书，为学习而学习，他说："熟读《诗经》三百篇，让他处理政务，却不能顺畅通达；出使外国，又不能独立应对；即便读得多，又如何去做呢？"（13.5）英国哲学家培根说："狡诈者轻鄙学问，愚鲁者羡慕学问，聪明者则运用学问。知识本身并没有告诉人怎样运用它，运用的智慧在书本之外。"也是这个意思。

《孔子世家》又记载"孔子为儿嬉戏，常陈俎豆，设礼容"，他年轻时就以"知礼"闻名。所以大贵族孟僖子临死时，嘱咐两个儿子孟懿子、南宫敬叔跟随孔子学礼。礼的内容包括个人生活的规范、与人相处的道理以至国家的典章制度，因此，"不懂得礼，不可能立足社会"（20.3）。礼的作用如何呢？在于使行事有所节制，合乎准则，既不太过，也无不及。法国思想家蒙田说："德行的工具是节制和适度，不是实力。"就是这意思。孔子早就说过："恭敬却不知礼，就未免劳倦；谨慎却不知礼，就懦弱畏缩；勇敢却不知礼，就会违法作乱；直率却不知礼，就会过于急躁。君子厚待亲族，老百姓就会奔向仁德；君子不遗弃旧交，老百姓就不会冷淡无情。"（8.2）这就是说，恭敬、谨慎、勇敢、直率尽管是美德，如果没有礼的节制，就有可能产生劳倦、懦弱、违法、急躁等弊端。他又说："礼的作用，以和谐为可贵。过去圣明君王治理天下，以这一点最为美好。但是，小事大事都循此而行，有些事就不一定能行得通了。为了和谐而和谐，不用礼仪制度来节制，也是行不通的。"（1.12）

正因为礼是节制人们的行为的，所以当子贡问道："贫穷却不谄媚，有钱却不骄泰，怎么样？"孔子回答说："可以了；但不如贫穷却又快乐，有钱却谦虚好礼呢。"子贡进一步问道："《诗经》上说：'好比象骨细切磋，又像玉石细琢磨。'就是这个意思吧？"孔子高兴地说："赐呀，现在可以和你讨论《诗经》了，告诉你过往的，你能推知未来的了。"（1.15）

有一次，孔子的学生林放问礼的本质。孔子说："重大啊，这问题！就一般礼仪说，与其铺张浪费，宁可朴素节俭；就丧礼说，与其强忍悲痛而和颜悦色，宁可大放悲声。"（3.4）

但是，诚如上文说过的，仁是内核，礼相对于仁，是外在的东西。孔子说得好："作为一个人，却不仁，拿礼仪制度怎么办？作为一个人，却不仁，拿音乐怎么办？"（3.3）这里，孔子是将"礼"和"乐"一道说的。孔子又说："所谓礼呀，仅仅是指玉帛吗？所谓乐呀，仅仅是指钟鼓吗？"

（17.11）

孔子是精通音乐的，他曾和鲁国太师谈他对音乐的理解："音乐，是可以深入了解的：演奏开始，奔放而热烈；展开以后，和谐舒展，明快清丽，然后不绝如缕，馀音绕梁，最后结束乐章。"（3.23）孔子对音乐是如此自信，他说："我从卫国回到鲁国，音乐的篇章才得以纳于正轨，《雅》《颂》各得以归于适当的位置。"（9.15）

孔子精通音乐，和他学其他东西一样，也是因为爱好。他曾经在齐国听到《韶乐》，以至于好几个月都忘记了肉的滋味。他曾说："想不到欣赏音乐达到了这种境界。"（7.14）

音乐和礼一样，也有调节、节制的作用，孔子甚至把它上升到治国理政的高度。颜渊曾经问如何治理国家，孔子回答："用夏朝的历法，坐殷朝的车子，戴周朝的礼帽，音乐欣赏《韶》和《武》。"（15.11）孔子又说："憎恶紫色颠覆红色，憎恶郑声侵扰雅乐，憎恶伶牙俐齿颠覆国家。"（17.18）

为政以德

　　孔子的学生子贡问孔子："如果有人能广施仁惠给百姓，帮助大家生活得好，怎么样？可以说是'仁'了吗？"孔子回答说："为什么仅仅用'仁'来评价？一定要评价的话，那就是'圣'了。对这，尧舜都有遗憾呢！'仁'是什么？自己要站得住，也要让别人站得住；自己要行得通，也要让别人行得通。能够设身处地为他人着想，可以说是实践仁德的方法了。"（6.30）可见，社会的安定和人民的富足和谐，是孔子最大的心愿。他讲道德，倡仁政，育人才，最终目标就是希望这一理想能够实现。

　　孔子的政治主张，一个重点是以德治国。孔子说："用道德来主持国政，自己便会像北极星一样，在他自己的位置上，别的星辰都环绕着它。"（2.1）他又说："用政令引导他们，用刑罚整顿他们，人民只是免于罪过，却没有廉耻之心。若用道德引导他们，用礼教整顿他们，人民不但有廉

耻之心，而且人心归服。"（2.3）

正是由于主张以德治国，孔子首先主张为政者必须率先垂范，作为臣民的表率。因此，当季康子请教"如果通过杀掉坏人来靠拢好人，怎么样"时，孔子回答："您执政，干嘛用杀戮的办法？您乐善好德，百姓也会从善如流。君子的作风好比风，小人的作风好比草。风从草上面吹过，草必然朝同一方向倒伏。"（12.20）当季康子忧患偷盗成风，向孔子请教时，孔子直率地说："假如您不贪，就是奖励偷盗，他们也不干。"（12.19）古波斯诗人萨迪·设拉子说："国王如果在一个百姓家里取一个苹果，臣属就会砍倒一棵果树。"说的也是这个意思。

其次，孔子强调治国理政先要教育各类人等都得明白人情事理。有一次，孔子到武城去——他的学生子游在那儿当行政长官——听到弹琴唱歌的声音。孔子微笑着说："杀鸡，何必用宰牛的刀？"子游回答说："以前我听老师说过，君子学了道理，就会爱护他人；百姓学了道理，就听从指挥。"孔子说："同学们，子游这话是对的。刚才不过是和他开玩笑罢了。"（17.4）

以德治国，要讲求诚实守信。学生子贡有次请教治国理政的道理。孔子说："充足粮食，充足军备，百姓就信任政府了。"子贡接着问："如果迫不得已，一定要去掉一项，在这三者之中先放弃哪一项？"孔子回答："放弃军备。"

子贡接着问："如果迫不得已，一定还要去掉一项，在剩下的两者之中先放弃哪一项？"孔子继续回答："放弃粮食。自古以来谁都免不了一死，如果人民不信任政府，国家不可能站得住。"（12.7）另一学生子夏也说："君子得到信任后才劳役人民；得不到信任，会以为你在折磨他们。也必须得到信任后才劝告君上或父母；得不到信任，会以为你在毁谤他。"（19.10）古罗马哲人西塞罗也说："没有什么东西比正当的名分与高贵的信誉，能更有力地支撑一个政府。"

　　实现以德治国的目标需要时间，因此，不能急功近利。学生子夏为莒（jǔ）父的行政长官，请教如何行政。孔子说："不要贪图速度，不要贪图小利。贪图速度，反而达不到目的；贪图小利，就办不成大事。"（13.17）

　　在财政上要减少赋税，减轻人民的负担。季氏比周公还富，而孔子学生冉求又为他搜刮，来增加更多的财富。孔子便生了气："冉求不再是我们的人了，弟子们大可以堂堂正正地攻击他。"（11.17）

　　在司法上要体恤民情，百姓铤而走险而犯罪，要抱持"同情之理解"的态度。孟孙氏任命阳肤为法官，阳肤向曾子求教。曾子的回答颇能得孔子旨意。他说："在上位的人胡作非为，百姓早就流离失所了。你如果能够审出罪犯的真实情形，便应该抱着同情的态度，千万别以此为乐！"（19.19）

　　因此，就要慎用刑罚。学生仲弓做了季氏的总管，问孔子执政之道。孔子说："给下级行政人员做表率，宽容人家的小过错，选拔德才兼备的人。"仲弓接着问："怎样去了解德才兼备的人从而选拔他们呢？"孔子回答："提拔你所了解的；你所不知道的，别人难道会埋没他吗？"（13.2）

要让老百姓懂得大道理，首要的是让他们富起来。孔子到卫国去的时候，冉有为他驾车。孔子说："人口众多啊！"冉有就问："人口已经够多了，接着该做什么呢？"孔子答道："让他们富裕。"冉有再问："已经够富了，接着该做什么呢？"孔子接着说："教育他们。"（13.9）

总之，治理一个中等的国家，必须"办事要严肃认真，诚实无欺，节约费用，爱护他人，役使老百姓要在农闲时间"（1.5）。只有这样，才能做到"境内的人欢悦，境外的人来归"（13.16）。

孔子一生中，亲自从政的时间有限。他认为在道德上率先垂范也是另一种形式的从政。有人对孔子说："你为什么不出来参政呢？"孔子回答："《尚书》上说：'孝啊孝，只有孝顺父母，友爱兄弟，把这种风气推行到政治上去。'这也算是参政，什么才叫作参政呢？"（2.21）

孔子有着远大理想，一生都关心政治。陈亢问子贡说："他老先生到哪个国家，必然听到该国的政事，是打听到的呢，还是别人主动告诉的呢？"子贡答道："他老先生是靠

温和、善良、恭敬、节俭、谦让来获得的。他老人家获得的方法，和别人获得的方法，大概不同吧？"（1.10）

论学习和教育

　　孔子是非常强调"好学"的，他说："十来户人家的小村落，必定有像我一样忠诚信实的人，只是不像我这样好学罢了。"（5.28）如果学生十分好学，孔子便十分欣赏，他对鲁哀公介绍说："有一个叫颜回的人好学，不拿别人出气，也不犯同样的过失。不幸短命死了，现在再没有这样的人了，再也没听说过好学的人了。"（6.3）

　　为什么要学习呢？因为不学习有好些弊端。孔子说："爱仁德，不爱学问，其弊病是愚戆（gàng）；爱智慧，不爱学问，其弊病是博闻却不专精；爱信实，不爱学问，其弊病是伤害他人；爱直率，不爱学问，其弊病是急躁；爱勇敢，不爱学问，其弊病是捣乱闯祸；爱刚强，不爱学问，其弊病是易与人冲突。"（17.8）

　　学习的目的是什么？当然是为了进德修业。孔子说："古代学者的目的在修养充实自己，以便贯彻实行；现代学者的

目的却是说给别人听，以便显摆自己。"（14.24）

真正的"好学"不是硬着头皮去"努力"学习，而是乐在其中乐此不疲："对于任何学问和事业，学习它的人不如爱好它的人，爱好它的人又不如迷恋它的人。"（6.20）

正因为乐在其中，所以不管多么艰难困苦，学习者都能甘之如饴。孔子赞扬颜回："颜回多么有修养哪！一竹筐饭，一瓜瓢水，住在偏僻的巷子里，别人都不堪忍受那忧愁，颜回却不改他的快乐。颜回多么有修养哪！"（6.11）

如前文所说，孔子学习的主要内容有《诗》、礼、乐等。

孔子对《易经》也是很用了一番功夫的，据《史记·孔子世家》记载，他读《易经》，编竹简的牛皮绳都断过好几次呢。他自己说："让我多活几年，到五十岁时去学《易经》，就可以不犯大错了。"（7.17）

孔子有感于当时民众受教育不够，他说："老百姓，不难让他们顺着我们的道路走下去，却难以让他们明白那是为什么。"（8.9，参考第 160 页"可"条）因而必须"人人我都教育，没有贫富、地域等的区别"（15.39）。所以，孔子才说："只要送我一束肉脯以上见面礼的人，我没有不教诲他的。"（7.7）有一位老乡请教孔子，孔子不觉得这位老乡没有知识，而是觉得自己知识不够，他说："我有知识吗？没有呢。有个老乡向我求教，很诚恳的样子。我从他那个问题的头和尾去盘问，才领会到很多意思，然后尽量地告诉他。"（9.8）可见，孔子教育他人的时候，确实是"诲人不倦"（7.2）的。

孔子最为人称道的是"因材施教"，他说："中等智力以上的人，可以告诉他高深学问；中等智力以下的人，不可以告诉他高深学问。"（6.21）

孔子还主张根据个人的秉性进行教育。子路曾经询问是否一听到就干起来。孔子说："父兄还健在，怎么能听到就干起来？"冉有询问是否听到就干起来。孔子说："听到就干起来。"公西华疑惑不解地问道："仲由问'听到就干起来吗'，您说'父兄还健在，不能这样做'；冉求问'听到就干起来吗'，您说'听到就干起来'。我感到困惑，壮着胆子问问。"孔子说："冉求平日谦虚退让，所以我鼓励他向前；仲由的干劲却有两个人的大，力求胜过别人，所以我要拖拖他后腿。"（11.22）

孟子"往者不追，来者不拒"（《孟子·尽心下》第30章），就是不追究他人既往的错误；孔子也是这样。"互乡的人难以交谈，那儿的一个少年得到孔子的接见，弟子们很疑惑。孔子说：'赞成他们的进步，不赞成他们的退步，何必做得太过分？别人虚心自洁而来，就该赞成他的洁净；至于他离开后如何，就管不着了。'"（7.29）

孔子施行教育，总是设法激发学生的求知欲。他说："教导学生，不到他有强烈求知欲的时候，不到他想说而说不清

楚的时候，不去启发他。教给他一个方向，却不能由此推知其他三方，便停下不再教他了。"（7.8）

甚至拒绝教育某人，也是一种教育。有个叫孺悲的人想见孔子，派人来请求。孔子以有病推辞。请求的人刚出房门，孔子便取下瑟边弹边唱，故意让他听到。（17.20）

正由于孔子总能激起学生的求知欲，又能因材施教，而且诲人不倦，所以，他的门下才聚集贤人七十弟子三千，他才能将贵族垄断的教育普及于民间，他的教育事业才兴旺发达。孔子卓然成为中华民族最早的一位教育大师，被尊称为"万世师表"。怪不得他的得意门生颜渊长叹一声道："老师的道德文章，越仰视，越觉得巍峨高大；越钻研，越觉得坚不可摧。乍一看高深莫测——看着好像在前面，忽然又到后面去了。但老师循序渐进善于诱导学生，用文献来充实我，用礼节来约束我，让我乐在其中，想停都停不下来。我已经用尽我的才华，假如老师又卓然有所建树，即使想再跟上去，又不知从何处走了。"（9.11）

交友之道

翻开《论语》开篇第一章，就可读到："有朋自远方来，不亦乐乎？"可见，在《论语》编纂者心目中，他们的老师、太老师是很注重交友之道的。

许多学者认为，《论语》最终的定稿者是曾参的学生。其中一个原因是，《论语》没有一处提到曾参时不尊称他为"曾子"的，而且，记载他的言行较记载孔子其他弟子的言行更多。《论语》第一篇第四章即为："曾子说：'我每天多次反省自己：为别人办事是否尽心竭力了呢？和朋友交往是否诚实呢？老师传授给我的学业是否复习了呢？'"和第一篇第一章一样，也是把交友之道放在第二的位置。

那么，要交什么样的朋友呢？《论语》中两处出现的"毋（无）友不如己者"（1.8、9.25）给出了答案。这句话的意思是说不要跟不如自己的人交朋友。常有人说，理解为"不要跟不如自己的人交朋友"不行，因为每个人如果都跟比自己强的人交朋友，那很强的人就交不到朋友了。且不说这种结论的得出，依据的是我们在第三讲中提到的一种不可取的方法——根据情理或义理逆推词义；只是这样理解，实在太凿枘（ruì），太死板了！比如某老太太和老头吵架，说，你太坏了！难道这老头就真坏吗？《论语》的体裁是语录体，只要是编纂者认为是富有意义的话就收了。如果那样死板地理解，《论语》中所谓"自相矛盾"的话就多了去了。

"三人行，必有我师焉。"（7.22）这句话也就是"尺有所短，寸有所长"的意思，如果总是注重别人的优点，常宣扬别人的好处，那比自己强的人就太多了，自己也能从中享受快乐。下面这段话就包含这层意思："有益的快乐有三种……得到礼乐的调节，乐在其中；宣扬他人的优点，乐在其中；有许多善良能干的朋友，乐在其中。这都是有益的。"（16.5）

上面说，要和比自己强的人交朋友，那么，具体和哪些人交朋友有好处呢？和哪些人交朋友没有好处呢？孔子给出答案说："有益的朋友三种，有害的朋友三种。同正直的人交友，同信实的人交友，同见闻广博的人交友，便有益了。同谄媚奉承的人交友，同当面恭维背面毁谤的人交友，同夸夸其谈的人交友，便有害了。"（16.4）

孔子还说："住在某个国家，就要侍奉该国大夫中的贤人，结交该国士人中的仁人。"（15.10）仁者，当然就是对自己有益的人。

有些"朋友"是决不能交的："花言巧语，满脸堆笑，屈膝以为恭顺，左丘明以此为辱，我也以此为辱。把怨恨藏在心底，表面上和某人要好，左丘明以此为辱，我也以此为辱。"（5.25）

交了朋友，友谊如何能天长地久呢？尽管孔子在回答子路时说："朋友之间，重在互相批评；兄弟之间，重在和睦相处。"（13.28）但当子贡问到如何对待朋友时，孔子却回答："忠心地劝告他，好好地引导他，他不听从，也就罢了，不要自找侮辱。"（12.24）

子游的看法和老师类似："对待君主过于烦琐，就会招致侮辱；对待朋友过于烦琐，反而会被疏远。"（4.26）因为忠心劝告并好好引导之后，他不接受，你还喋喋不休，就会被疏远了。

曾参的看法也和老师所说"朋友之间重在互相批评"相通："君子用文章学问来聚会朋友，用朋友来帮助自己成就仁德。"（12.25）

子路倒是爽快："我愿将车马衣服和朋友共同使用直到破烂也没遗憾。"（5.26）

子夏认为对待朋友，诚信非常重要："和朋友相交，说话一定诚实守信。"（1.7）

像上面这样对待朋友，友谊才能历久弥坚。孔子说："晏平仲善于和别人交朋友，相交越久，别人越尊敬他。"（5.17）虽然晏婴不买孔子的账（见第 23、24 页），但孔子还是很推崇晏婴的交友之道。

孔子又是如何对待他的朋友的呢？

"托人给在外国的朋友问好送礼，要拜两次送别受托者。"（10.14）"接受朋友的馈赠时，即便是车马，只要不是祭肉，也不行拜礼。"（10.22）"朋友死亡，没有亲人收殓，孔子说：'丧事由我来操办。'"（10.21）

孔子的一个发小原壤的母亲死了，原壤两腿张开平坐在地上，等着孔子。孔子骂道："小时候不懂礼貌，长大了毫无建树，命倒是老长，这就叫害人精。"（14.43）边骂边用拐杖敲他小腿。《礼记·檀弓下》记载了这个故事：孔子帮原壤治丧时，原壤忽然站在棺材上唱起歌来，孔子也只好装作没听见。跟孔子一道来的人说，他都这样了，您还不该和他断绝关系吗？孔子说："我听说，亲人终归是亲人，老友终归是老友哇！"如果呆板地理解"毋（无）友不如己者"，那孔子便应该不理原壤了，更别说去给他母亲治丧了！

梁启超先生说："中国偌大国家，有几千年历史。到底我们这个民族，有无文化？如有文化，我们此种文化的表现何在？以吾言之，就在儒家……我们这个社会，无论识字的人与不识字的人，都生长在儒家哲学的空气之中……儒家哲学，不算中国文化的全部；但若把儒家抽去，中国文化，恐怕没有多少东西了。中国民族之所以存在，因为中国文化存在；而中国文化，离不开儒家。"（梁启超《儒家哲学》）孔子是儒家的开山鼻祖，主要被《论语》所记载的孔子思想，是儒家思想、哲学的灵魂。所以我们写下以上一鳞半爪，来让大家略微了解一点孔子思想，了解一点《论语》中的主要内容。

第三讲

锁定词义的正确方法

如果你常逛书店，或是经常上网浏览各个图书网站，就知道像《论语》这样的印数仅次于《圣经》的古典名著，古今各种注本不下千种，因而古往今来有着各种解释的疑难字、词、句也几乎触目皆是——简直是地雷阵。我们相信大家最为看重的，或比较看重的，是这些注本对《论语》中古今见仁见智的疑难字、词、句的注释做得怎样，其准确性、可靠性如何。可能有人会说，我要了解这些干嘛？我这一辈子又不会去注古书。是的，绝大多数人一辈子都不会去注古书。但是，既然现在像《论语》一类古书的注本多达千种，令人目不暇接，不知选哪本好，那么，如何选择注本就成了当务之急。怎样辨析、选择注释更准确、更可靠的《论语》注本？辨析、选择的依据是什么？这就需要我们具备一定的语言学和古汉语的基础知识，掌握锁定词义的正确方法。

必须指出的是，上文所说的"对字、词、句注释的准确性"，是指对"字面上"意义的理解和把握，而字、词、句所蕴含的思想或哲理，是思想史家或哲学家的任务，不归我们探讨。我们认为，字、词、句的解读，是语言学所管的；字面后所蕴藏的思想、哲理，是思想史或哲学所管的。这是两个步骤或两道工序，不应该搅和在一起。用思想去推导语言，再用语言去推导思想，是不对的。即使某位卓越的学者，既精通语言学，又精通思想史或哲学，他在注释古书的时候，也应当将这两个步骤或两道工序分开进行，不应该搅和在一起。其中的道理，我们会在下文中详细解说。

区分"字"和"词"

请大家设想一下，几万年前，我们还是没有语言的智人，大家要交流想法怎么办？只好一边比比划划，一边喉咙里发出各种叫声。由于喉咙里发出的声音在伸手不见五指的黑夜能听到，隔着一定的距离也能听到，这都是用手脚比比划划达不到的，渐渐地，语言就这么产生了。那么，语言是用喉咙里发出的声音来表达意义的，它有两个要素：意义和声音。其中，声音是来"装载"意义的，就像我们用瓶子装水一样。

几千年前，人类社会的发展使得光有语言不够用了：不但说完转瞬即逝，距离再远一点也听不见。这时，就需要一种东西来"装载"语言了——就像再用一个箱子装好多瓶水一样——它就是文字。这样，我们就明白了：1.文字是"装载"语言的（或者叫作"记录语言"）；2.语言有声音、意义两个要素，文字（指已经"装载"语言后的文字，不是光指字形）就有三个要素——字形、声音、意义，简称形、音、义；3.文字是语言外边的，不是语言内部的（语言内部分为三要素：词汇、语法、语音）。就好比骨头、肌肉、指甲、头发都是我们身体的一部分，裤衩虽然紧贴着身体，却不是我们身体的一部分。

此外，语言和文字还有个巨大的不同：文字是可以突变的，也是可以人为干预的。比如，国家下过两次文件，就从使用繁体汉字变为使用简体汉字了。又比如，朝鲜半岛、越南以前用汉字记录他们的语言，后来越南改用拉丁字母拼音，朝鲜半岛改用谚文字母拼写，也是说改就改了。语言却是渐变的，一般来说也是不能人为干预的。比如，越南和朝鲜半岛虽然不用汉字了，但他们的语言借用自汉语的大量单词却没法人为干预而去掉。例如，用越南语说"越南人民共和国"，用朝鲜语（韩国语）说"朝鲜民主主义人民共和国""大韩民国"，中国人也能听懂。

又比如，"五四"时期，若干文化人鉴于英语第三人称代词单数分别有 he、she、it，而汉语第三人称代词单数只有一个 tā（想一想，"他、她、它"是文字上的区别呢，还是语言上的区别？），就用"伊"来指代女性，但并没有成功。这说明语言是不能人为干预的。

我们要学好古汉语，要学好《论语》，还一定要区分"字"和"词"这两个概念。

字，是文字的单位；词，是语言的单位。我们是用汉字记录汉语（古汉语、现代汉语）的，每一个方块字形就是一个汉字。词，是语言中的一个较小的单位，也常叫作"单词"。例如，咱们学英语就常说"背单词""记单词"。

"字"和"词"既然不等同，那么，一个字可以表示不同的词。如煮饭的"米"和表示长度单位的"米"，就是完全不相干的两个词，它们仅仅是声音相同，写法相同。又比如雕刻的"刻"和表示十五分钟的"刻"，虽然是有联系的（古代用刻漏计算时间），但今天大多数人已经不能联想它们之间的联系，于是它们虽然是一个字，却也算两个词。

那是否每个意义就是一个词呢？当然不是。甲意义是由乙意义逐渐变化来的，而且这两个意义之间的变化关系是明显的，一望即知的，那么，它们便同属于一个词。例如"完"，有"完整""完好"的意义，由此引申出"使……完好"也就是"修缮"的意义，又引申出"保全"的意义。那么，"完整、完好"义、"修缮"义、"保全"义都是"完"这一个词的不同意义。

一个词也可以写成不同的字。比如，"标志"这个词也可写成"标识"。当然，一个词有两种写法容易造成误解。例如许多人把后者读为 biāoshí。有位主持人甚至说："他没有注意到相关的标 zhì 标 shí。"

既然"字"是文字单位，而"词"是语言单位，两者不能划等号，那么，一个字有两个或两个以上读音也就不奇怪了。因为语言用声音"装载"意义，所以作为语言单位的"词"一般只有一个读音，既然文字单位"字"可以记录两个以上的"词"，它就可以有两个以上的读音了。

例如"厕所"，其"厕"字读作 cè，而"茅厕"，其"厕"字读作 si。许多人说话说成 máosi，念书却念成 máocè，这是因为他不知道"厕"有两个读音。

《论语》中的"齐"字有 3 个读音：qí、zī、zhāi。

第一个读音："道之以政，齐之以刑，民免而无耻。道之以德，齐之以礼，有耻且格。"（用政令引导他们，用刑罚整顿他们，人民只是免于罪过，却没有廉耻之心。若用道德引导他们，用礼教整顿他们，人民不但有廉耻之心，而且人心归服。）（2.3）这里的"齐"读作 qí，整齐、整顿的意思。

第二个读音："子见齐衰者、冕衣裳者与瞽者，见之，虽少，必作。"（当孔子看见穿丧服的人、戴礼帽穿礼服的人和瞎了眼睛的人，相见的时候，即使年轻，一定站起来。）（9.10）"见齐衰者，虽狎，必变。"（孔子看见穿孝服的人，即使是亲近的人，也一定改变仪容以示同情。）（10.24）齐，读作 zī，齐衰（cuī）是一种丧服。

"齐"的第三种读音是 zhāi，后来写作"齋"（简体字为"斋"），本书第 112 页还将谈到。

分清通假字和古今字

　　文字产生时，语言已经有几万年历史了；又由于上古汉语（《论语》的语言就是上古汉语）单音节的词很多，这跟字的一字一音的特点刚好吻合，于是造字时就有了为该词"量身定做"的字。例如"休"字——一个人靠在树上休息。由于是量身定做，就像鲨鱼皮泳服紧贴在运动员身上，远看就像他或她的皮肤一样——文字的形、音、义是如此浑然一体，许多人也就分不清字和词的区别。但是，语言的词和文字的字形毕竟是有区别的，如不区分清楚，许多事就说不明白。

　　为语言中某个词量身定做的字，就好比他的专车一样。像"休息"的"休"，就坐着这辆专车不换，从几千年前一直坐到今天。也有的字，有自己的专车不去坐，偏要坐别人的车。

　　例如"早"字，这个字形就是为表示"早晨"义的 zǎo

这个音（古音不同，它逐渐变成今天的读音，先不去管它）
配置的专车，但表示"早晨"义读作的 zǎo 这个音的词偏
不喜欢坐他的专车，他也不嫌脏，不怕被咬，偏要去蹭辆很
脏的车坐，这辆车就是"蚤"，它也读作 zǎo，意义是某一
寄生虫。不信，请看《孟子·离娄下》："蚤起，施从良人
之所之，遍国中无与立谈者。卒之东郭墦间，之祭者乞其
馀。"说的是有个丈夫天天回家向大老婆、小老婆臭显摆谁
谁谁——不是大官就是巨富——请他下馆子胡吃海喝，这人
的大老婆因为从没见人到家拜访而起了疑心，于是"清早起
来，她便若即若离地跟在丈夫后面走。走遍全城，没有一个
人站住同他丈夫聊天的。最后一直走到东郊外的墓地，他便
走向祭扫坟墓的人那儿，讨些残汤剩饭"。这种有专车不坐，
偏要去蹭车坐的，我们叫作"通假"。在注解古书时，就这
样写："蚤，通'早'。"注意，这里用的是"通"字。

　　《论语·阳货》："阳货欲见孔子，孔子不见，归孔子
豚。"说的是鲁国权臣季氏的家臣阳货想让孔子来拜见他，
孔子不去拜见，他便派人送孔子一头蒸熟了的小猪，想让孔
子登门去拜谢他。既然是送孔子一头小猪，就应该是"馈孔
子豚"，怎么用了个"归"字呢？这也是"通假"，也属于
有专车不坐蹭车坐的。

　　也有的抽象意义的词，用象形、指事、会意、形声等造
字方法，全不方便为它造字，便先蹭张三的车，后蹭李四的

车。例如《论语》中孔子对学生说："由也，女闻六言六蔽矣乎？"（仲由呀，你听说过仁、智、信、直、勇、刚六字真言容易产生的六种弊病吗？）其中"女"字读作 rǔ，意思是"你"。这个词意义抽象不好造字，便蹭了男女的"女"这辆车来坐。有时候，它又蹭为一条河流配置的专车"汝"（源出河南鲁山县的一条河）来坐（《孟子》就是既用"女"又用"汝"）。到了后来，它不蹭"女"这辆车了，专蹭"汝"这辆车（例如《史记》）。这种情形，既然没有专车，也就是没有本字，严格说起来，恐怕是不好写成"女，通'汝'"的，还是应当写成"女，同'汝'"。

还有的词，先用一个字形记录，好比先给它配置了一辆专车；后用另一个字形记录，好比后来又为它配置了另一辆专车。这两个字就是"古今字"的关系。时代在前的那个字叫古字，时代在后的那个字叫今字。例如《论语》中表示"高兴"，用"说"来记录，后来这个词用"悦"来记录。"说、悦"就是古今字的关系：说，是古字；悦，是今字。在注解古书时，就这样写："说，同'悦'。"（注意，这里用的是"同"字）例如："学而时习之，不亦说乎？"（1.1）"子见南子，子路不说。"（6.28）

大家可能注意到了，"馈"和"归"、"悦"和"说"，现在读音不同，在读《论语》时，应该怎么读呢？

第一，通假字，按本字来读，不按通假字来读。例如"归孔子豚"，就读"馈"的音 kuì，不读"归"的音 guī。

第二，古今字，按今音来读。如"不亦说乎"，就读"悦"的音 yuè。

《论语》中的古今字有不少，例如：

"其为人也孝弟，而好犯上者，鲜（xiǎn）矣。"（"一个人的为人，既孝顺父母，又敬爱兄长，却喜欢冒犯上级，这种人是很少的。"）（1.2）弟，是"悌"的古字，读作 tì。悌，弟弟尊敬与服从兄长。

"道千乘之国，敬事而信，节用而爱人。"（"治理具有千辆兵车的国家，办事要严肃认真，诚实无欺，节约费用，爱护他人。"）（1.5）道，是"导"（導）的古字，读作 dǎo。导，引导，指导，这里可译为"治理"。

"夫子之求之也，其诸异乎人之求之与？"（他老人家获得的方法，和别人获得的方法，大概不同吧？）（1.10）"《诗》云：'如切如磋，如琢如磨。'其斯之谓与？"（《诗经》上说："好比象骨细切磋，又像玉石细琢磨。"就是这个意思吧？）（1.15）与，是句末语气词，是"欤"的古字，读作 yú。

"为政以德，譬如北辰，居其所而众星共之。"（用道德来主持国政，自己便会像北极星一样，在他自己的位置上，别的星辰都环绕着它。）（2.1）共，是"拱"的古字，"环抱""环绕"的意思，读作 gǒng。

"诲女知之乎！知之为知之，不知为不知，是知也。"（教你如何获取知识变得智慧吧！知道就是知道，不知道就是不知道，这就是聪明智慧。）（2.17）最后一个"知"，是"智"的古字，读作 zhì。

"子之所慎：齐、战、疾。"（孔子所小心慎重的事有三样：斋戒、战争、疾病。）（7.13）"齐，必有明衣，布。"（斋戒沐浴时，一定有浴衣，布做的。）（10.6）齐，是"斋"的古字，读作 zhāi。

"奢则不孙，俭则固。与其不孙也，宁固。"（奢侈就显得盛气凌人，省俭就显得寒酸固陋。与其盛气凌人，宁可寒酸固陋。）（7.36）孙，是"逊"的古字，读作 xùn。逊，谦逊。

"有美玉于斯，韫椟而藏诸？求善贾而沽诸？"（这里有一块美玉，把它放在柜子里藏起来呢？还是求一个好价钱卖掉呢？）（9.13）贾，是"价"（價）的古字，读作 jià。

《论语》中也有通假字，例如：

"无友不如己者。"（不要跟不如自己的人交朋友。）（1.8）"女为君子儒，无为小人儒！"（你要做君子般的儒者，不要做小人般的儒者！）（6.13）无，本字是"毋"，读作 wú，"不要"的意思。

"因不失其亲，亦可宗也。"（对姻亲保持亲近，这种态度也是值得推崇的。）（1.13）因，本字为"姻"，读作

yīn，姻亲。

"行夏之时，乘殷之辂，服周之冕，乐则《韶》《舞》。"（用夏朝的历法，坐殷朝的车子，戴周朝的礼帽，音乐欣赏《韶》和《武》。）（15.11）舞，本字是"武"，读作wǔ。《武》，周武王时乐曲。

"阳货欲见孔子，孔子不见，归孔子豚。"（阳货想要孔子来拜见他，孔子不去，他便送孔子一只蒸熟了的小猪。）（17.1）"齐人归女乐，季桓子受之，三日不朝，孔子行。"（齐国送歌姬舞女给鲁国，季桓子接受了，三天不问政事，孔子便离开了鲁国。）（18.4）归，本字是"馈"，读作kuì，"馈赠""赠送"的意思。

你以前在读《论语》时，是不是把一些古今字当作通假字了呢？记住，古今字是在不同时期用两个字形记录语言中的同一个词，它有时间上的先后；通假字却是在同一时期，不用本字记录某词，而借用别的字来记录该词。说明某两个字是古今字，用"同"字；说明某两个字是通假字关系，用"通"字。

尊重语言内部的规律

一、语言的"变"是永恒的

语言虽然是渐变而不是突变的，但积累两千年，其变化也是显著的。"刻舟求剑"的典故，用来形容用后世已经变化了的语言解释古代语言的现象，是非常贴切的。常有人写文章，说《论语》（或其他古书）中某句中的某字词不应当解释为某义，而应当解释为另一义，这样才更加贴切更加合情合理云云。但他是否想想，该词的另一意义是否在《论语》（或其他古书）成书时代的语言中已经产生了呢？恐怕很多研究者是没有考虑这个的。

比如《庄子·秋水》"望洋向若而叹曰"的"望洋"。古人注为"仰视貌"，是一个连绵词（"逍遥""徘徊"一类的词，因为是两个声音合起来表示一个意义，汉字的一字一音一义三位一体的特点到它这儿不管用了，所以一个连绵词往往有几种写法）。可是有一部很著名的《庄子》注本却说："'望洋'作常义解即可。'洋'即海洋，上文云'北海'可证。"其实"洋"的"海洋"意义是北宋以后才有的。这样一来，所谓"作常义解"就成刻舟求剑了。

又比如《论语·先进》"今由与求也，可谓具臣矣"，有的《论语》注本解释其中的"具臣"为"具有相当才能的臣属"，这是采纳"具"的"才能、才具"义，但"具"的这个意义产生很晚，约在南北朝以后，所以不能采纳它。

大家可能会说了，我怎么能知道某词的哪一意义早、哪一意义晚呢？这个不难。较好的古汉语字典（如《王力古汉语字典》）中某字词的各个意义一般都按时代先后排列，例句也会尽可能选择较早的，有些较迟出现的意义还会标明"晚起义""后起义"等。如《王力古汉语字典》第453页"望"字下的第八个意义即标出"〔望洋〕仰视貌"，所选例句就是《秋水》这例，并注明："字又作'望羊''望阳'。"第580页"洋"字下第三个意义也就是排在最后的一个意义为"大海（晚起义）"，所选例句是宋代徐兢《宣和奉使高丽图经·海道》"黑水洋，即北海洋也"。

又如，《王力古汉语字典》第59页"具"字下的第五个意义，也即最后一个意义为"才能，才具（后起义）"，所选例句是杜甫的诗："当今廊庙具，构厦岂云缺？"汉代儒生孔安国解释"具臣"为"言备臣数而已"，是用的"具"的"具备"意义。这一意义产生很早，《王力古汉语字典》

把它当成"具"的第一个意义"供置""陈设"的引申义，所引例句也是《论语》同时代史书《左传》的"具卒乘"（准备士兵和战车），所以我们翻译"可谓具臣矣"为"可以说是初具资格的臣属了"。

大家想想，是否只要掌握了一点语言学知识，你也能纠正书籍和刊物上的错误了呢？

二、语言的社会性是建立在语言的强制性上的

用大白话来解释，就是大家都这样说的，你也要这样说。决不能这样：大家都说雪的那种颜色是 bái 的，我偏要来个创新说那是 hēi 的；大家都说煤球那种颜色是 hēi 的，我偏要来个创新说那是 bái 的。当然是不能那样做的，因为语言具有强制性。

你不是说语言是变化的吗？是的，但别忘了，语言是渐变的。有人在大家一致认识的基础上做出一点创新，大家也乐于接受，于是变化慢慢发生了。比如，有人在"外国人"这个大家都认识的词上做了点创新——"歪果仁"，大家觉得有趣，于是很多人接受了。这叫约定俗成。语言的社会性也是建立在语言的约定俗成基础上的。

又例如"奇葩"，本来是很文雅的褒义词，如马茂元《楚辞选·前言》就说《楚辞》是中国文学园地的一朵奇葩。该词近年来发生了渐变，说某人是"奇葩"已经似乎不再是赞

美。但是，这也是整个族群的理解，不是某一两个人的理解。对此，大家应该能体会到。

正因为语言具有强制性，任何人都不能颠倒"黑""白"，指"鹿"为"马"。前文所说若干文化人用"伊"指代女性之所以不能成功，道理就在于此。

因此我们说，语言的声音、意义被整个说这种语言的社会所制约，是一种"社会的契约"。在说汉语的十几亿人中，大家都说雪的颜色是 bái 的，你也得说它是 bái 的；大家都理解 rè 的意思是感觉温度高，你也得理解它的意思是感觉温度高。于是在大量同时期文献中，说雪是白的、煤是黑的、热得汗如雨下、冷得滴水成冰的记录就非常多。不信你可以上网搜搜。

不单单是词，格式也是这样。如"我被流氓打了"这种"被＋名词＋及物动词"的格式的句子，到网上去搜搜，也是成千上万的。

古代汉语和这类似。如果某一时期，有大量文献保留了下来，其中一些出现频率较高的常用词，它的某一常用意义在这些文献中也一定会频频出现，不可能是独一份。一些常用格式，也是频频出现，不可能昙花一现。

因此，语言的社会性体现在上古汉语字、词、句的考证中，就是某一词义、某一格式一定是"无独有偶"的，而不可能是"独一无二"的。王力先生曾举例说，《曹刿论战》

中"肉食者谋之，又何间焉"的"间"，有的书解释其意义为"补充或纠正"，但《左传》中"间"出现81次，另外80处都不当"补充、纠正"讲，其他先秦两汉的古书中"间"也从不当"补充、纠正"讲，"左丘明在这里不可能为'间'字创造一个新义，因为这样的'创造'谁也不会看得懂。作为一个原则，注释家不会反对语言的社会性，但是，在实践的过程中，注释家却往往忽略了这个重要的原则。"（《训诂学上的一些问题》第四小点《语言的社会性》，载《王力语言学论文集》，商务印书馆2000年）

那么，这个"间"是什么意义呢？它的本义是"缝隙"，由这个意义变化出"钻缝隙"的意思，也就是我们常说的"钻空子"；再由这意义变化出"参与"的意义，也就是我们常说的"掺和"。"肉食者谋之，又何间焉"意思是，吃肉的一帮人在那儿商量这事，你去掺和个什么呢？

在古书的释读中，语言的社会性原则十分重要。王引之释《诗经·邶风》"终风且暴"，是通过对"终温且惠""终窭且贫""终和且平""终善且有"等"终……且……"格式句子的归纳，认识到"终风"不是前人所谓"西风""终日风"，"终"近似"既"的意思。其背后的逻辑就是语言的社会性——"终……且……"的句子不会只有"终风且暴"一句，它一定还有许多伴侣。

王引之在他的《经传释词·自序》中说："揆之本文而

协，验之他卷而通（这一解释不但放在这一句中能够讲得通达，放到其他书中也能讲得通达）。"这两句话尤其是第二句，正体现了语言的社会性原则。

根据这个原则，我们在解释《论语·雍也》第九章"则吾必在汶上矣"的"汶上"（汶，就是山东的大汶河）时，就没有采纳有的《论语》权威注本所采纳的清代桂馥所说的"汶水北岸"，而用"汶水边上"来解释它。因为《论语》时代典籍中，多见"江上"（江，指长江）、"河上"（河，指黄河）、"淮上"、"汉上"、"沂上"、"汝上"、"泗上"、"泾上"、"濮上"、"济上"以至于"川上""海上"等等，这些都可归纳为"水名＋上"格式，所有这一格式的内容都指某水的岸边，而不是指某水的北岸。

直到现代，依然这样表达。歌曲《松花江上》："我的家在东北松花江上，那里有森林煤矿，还有那满山遍野的大豆高粱。"大家都知道，松花江上不是指松花江北岸，而是指松花江两岸的广袤原野。所以我们翻译"则吾必在汶上矣"为："那我一定会在汶水边上了。"

上文说到，格式的出现也不能是独一无二的。"水名＋上"就是一个格式，既然这一格式的短语（词组）都指水边，而不是只指水的北岸，根据语言的社会性原理，"汶上"就只能是"汶水两岸"的意思。何况，桂馥只是说了他的结论，并没有提出什么令人信服的理由。

三、语言内部的证据是主要、自足的

以往一谈到语言的系统性，常讲到的是"组合和聚合"和"语言的层级体系"。以上两点，通俗地打个比方，就是，语言不像一堆土豆——随便拿掉几个不要紧，挪动其中几个土豆的位置也不要紧；语言类似于钟表——不能随便拿掉其中的齿轮和发条，也不能随便置换齿轮和发条。我们这里重点要介绍的，是语言的封闭性特征以及由此产生的自主性特征。

语言是一个系统，凡是系统都具有"相对的封闭性特征"。什么意思呢？根据系统论的原理，系统内部的问题一般不受外界因素的影响。因此，系统又具有自主性特征。语言既然是一个系统，这就意味着"语言系统内部的现象和现象之间的规律都可以通过系统本身来加以解释，而不需要向外界去寻找解释的理由"（语言学家胡明扬的话）。

什么意思呢？大家知道，数学也是一个系统。比如你解一道方程应用题。该方程设定的条件是某中国运动员和牙买加运动员博尔特跑一百米。你计算的结果是博尔特赢了。这时你可能要想了：怎么是牙买加运动员而不是中国运动员赢了呢？是不是我做错了呢？当然，这样想并没错。但这种想法是数学系统之外的。正确的做法是，有了这种想法之后，在数学系统内部，根据运算规则，再加以检验；如果反复检验没错，就得尊重计算结果。而错误的方法是，料定出题者不会让外国人赢的，直接就把运算结果改为博尔特输了。这就是所谓"向外界去寻找解释的理由"。

正因为不能仅仅"向外界去寻找解释的理由"，在考证先秦两汉古籍中的字、词、句时，语言内部的证据是主要的、自足的（有它就够了）。语言外部的证据是次要的、非自足的（光有它还不够），因此，语言外部的证据不能作为主要的，更不能作为唯一的证据。

语言内部意味着什么呢？词汇、语法、语音。从这些方面去解决问题，就是在语言系统内部解决问题，否则就是从语言外部解决问题。下文要说的考察"分布"，也就是审句例，就是从语言内部解决问题。下文还要说的一种错误的做法，其要害就是绕弯子、走远路，把语言外部的证据作为主要证据，甚至唯一证据，这样来解决古代疑难字词句的释读问题，就好像爬上树去抓鱼。

寻找词义的标志牌

　　说个小故事：两个老外到中国旅游，他们常听中国朋友说"吃饭"这个词，他们不懂。甲老外有次从试衣间出来，遇到个中国朋友问他："你吃饭了吗？"甲老外于是恍然大悟："我总算明白了，'吃饭'就是'穿衣服'的意思！"乙老外说："我不认可你说的。我常听人说：'拿筷子吃饭。'又听人说：'饿了，去吃饭吧！'既然'吃饭'常和'筷子''饿了'一道出现，我想它是'进食'的意思。"乙老外还说："我还看见一些中国人见面就说'吃饭'，就好像我们说'hey''hello'似的。"

　　你们可别笑甲老外，他所犯的错误，今天的许多专家学者还在继续犯着——因为今天的人们去读古汉语，就像老外学汉语一般。甲老外仅仅根据某一"情理"去推导词的意义，于是出现这样的尴尬结果。

　　但乙老外怎么会得到正确答案呢？因为他看到了"吃饭"

常和"筷子""饿了"一道出现，看到了"吃饭"还用来打招呼，这就说明他在不知不觉中已经在考察"分布"了。

《论语》的语言属于上古汉语（上古汉语之前是远古汉语——商代西周的汉语，上古汉语之后是中古汉语——从汉代到唐代的汉语，然后是近代汉语——宋代到鸦片战争时期的汉语，然后是现代汉语——从鸦片战争到现在的汉语）。上古汉语中疑难字、词、句的解读，怎样才能最准确？要回答这个问题，首先得弄清楚"最准确"的标准是什么？

上文说过，一个词往往有好几个意义，用语言学的术语说，就是好几个"义位"（词典叫作"义项"）。如果具体句子中的每一个词下面的每一个义位，都有一个与词的某个意义一对一的标志牌，就像每个人都有与自己一对一的身份证号码，每辆汽车都有与这辆车一对一的牌照，那么，这个词在句中到底呈现什么意义，一看标志牌不就明白了吗？这一标志牌所记载的意义难道不是最准确的吗？

现在的古汉语字典词典有这样的标志牌吗？恐怕不能说"有"。当你读古书不知道某字某词的意义时，你去翻字典，字典上往往有好几个意义，你试用其中一个套进句子中，觉得似乎说得通，就完事了。这样做有可能正确，也有可能不正确。

语言中到底有没有这样的一对一的标志牌或身份证号码或车牌呢？很幸运！它是有的。

我们这里要介绍的词的各个意义的标志牌，就是词的各个意义所处的上下文，语言学术语叫作"分布"，也可通俗地叫它"语境"，也可以把它叫作"上下文条件"。一句话，"分布"就是词的各个意义在特定句子中的上下文条件（当然，语言学对"分布"有严格的定义，这里只能讲个大概）。

很多学者都有论述，几乎没有哪个词的分布是和其他词雷同的；一个词内部的不同意义（词的义位），它的分布也是不同的。也就是说，每个词，词下的每个意义，都有和它一对一的标志牌。

一个词，它在字典词典里是多义的；在特定的上下文中，它必定是单义的。也就是，上下文锁定了该词的某个意义，在这个上下文中，该词只能呈现出一个意义。换句话说，分布限定了词义，分布就是各个词义的标志牌。法国语言学家房德里耶斯说："确定词的价值的，是上下文。"语言学家陈保亚也说："每个词都有自己独特的分布特征集合。"（若干个分布特征捆在一起，就叫"分布特征集合"）也就是说，我们需要求得在某一上下文中的某词到底是呈现其甲乙丙丁各个意义中的哪一个，只要弄清楚甲乙丙丁四种意义各自的分布特征（也即上下文特征），然后按图索骥依葫芦画瓢，看我们所考察的上下文和甲乙丙丁四种上下文中的哪一个对得上，就行了。

自古以来，解读中国古书中疑难字词句公认为最厉害的牛人，你知道是谁吗？他们就是清代高邮的王氏父子：王念孙、王引之。高邮，就是现在的江苏高邮市，在高邮湖的东岸，这是王氏父子的故乡，建有"王氏纪念馆"。父亲王念孙解读古书疑难字词句的代表著作是《读书杂志》，儿子王引之解读古书疑难字词句的代表著作是《经义述闻》。但《读书杂志》也会记录一些儿子的心得；《经义述闻》更是从书名就可看出其中有许多是王念孙的想法（经义述闻，意思就是记述从父亲那听到的经书的真义），书中许多"家大人曰"也能说明这一点。

　　顾颉刚先生讲过一个故事，说是孙人和先生告诉他，有位日本学者从某古庙的香炉底下得到一本残破的《淮南子·兵略训》（《淮南子》是汉代的一部书，分为内、外两篇，其中的《内篇》共二十一卷，《兵略训》是其中的一卷）。有价值的是，这部书和当时流传的《淮南子》本子文字不完全相同。恰好，王念孙《读书杂志》中有《淮南子内篇杂志》，把他认为的《淮南子》在流传过程中逐渐错讹的字挑出来，并说明为什么错了，本来应该是个什么字。这位日本学者便用王念孙的书来和这残本进行核校，发现百分之六七十对得上。这位学者又拿另一位大名鼎鼎的学者俞樾的名著《诸子平议》中的《淮南内经评议》来和这残本核校，却发现没有一处对得上。由此可见，王氏是如何了不得！

　　王氏有什么大杀器呢？王氏父子的大杀器就是"审句

例"，换句话说，就是考察"分布"。

怎样审句例呢？具体说来，就是在同时代同地域典籍中寻找和你所要弄清楚的字词所在的句子同一句型句式的句子，进行综合归纳，找出共同点。经过这样的综合归纳，你所要考察的字词的意思也就明朗了。前面我们讲过了语言的社会性，审句例的展开正是建立在语言的社会性之上的——任何语言现象都不是孤立的、绝无仅有的，用《论语》的话来总结，就是"德不孤，必有邻"（4.25）。

由于分布是词义的标志牌，由于古人的经典范例都是通过审句例考察分布来完成的，所以，我们考释以《论语》为代表的先秦两汉典籍中古今见仁见智的疑难词语时，如果能够认认真真地去通过审句例的方法去考察分布，我们就将在前人整理古籍的基础上更上层楼。同理，大家在选购《论语》或其他古籍的注本时，是不是应当先大致翻翻，了解一下书中所用的方法，它是否用了"审句例"的方法呢？是一两处用这方法呢，还是大面积用这方法呢？还是全然不用这种方法呢？

归纳格式，锁定词义

　　通过审句例来考察分布，其中重要任务之一就是归纳格式。格式，最能体现语言的系统性。在格式中，不但词的意义被锁定了，一些以前人们不熟悉甚至不知道的词义也能够得到显现。格式中固定不变的部分的词语尤其是这样。例如上文"终……且……"格式，"终"和"且"是固定不变的，"……"所代表的词语是可以替换的。"终……且……"格式不但锁定了"终"和"且"的词义，而且使得"终"的类似于"既"的以前不知道的词义也得到了凸显。

　　有一位《论语》研究专家说《论语·卫灵公》"有教无类"的"有"是"域"的通假字，"域"的意思是限制，"域教无类"就是要限制人民受教育的权利。我们在《论语》同时代同地域典籍中找到十几个例句，并将它们归纳为"有……无……"的格式，今天仍然常说的"有备无患"就属于这一格式。"有教无类"既然属于这一格式，其中的"有"当然是"有没有"的"有"，绝不可能是"域"的通假字。因此，"有教无类"的意思依然是通常解释的"人人我都教育，没有（贫富、地域等等）区别"。

再举一个有关格式的例子。《论语·尧曰》："择可劳而劳之，又谁怨？欲仁而得仁，又焉贪？"这里的"又谁怨"和"又焉贪"的格式完全一样，都是"又＋疑问代词＋及物动词"的格式，可是几乎所有的《论语》注家都把前一句的"谁"当作主语，译为"又有谁来怨恨呢""又谁来怨你呢"，他们又都把后句的"焉"当作宾语，译为"又贪求什么呢""还贪婪什么呢"。本来，《论语》时代的语言中，"谁""焉"这样的疑问代词做宾语时，是要放置在谓语动词前边的。所以，这里的"谁"做宾语完全有可能。但是，"谁"做主语也在动词前边呀，它们有区别吗？怎么区别呢？

首先，会有区别的。上文我们说过语言不是土豆，而是钟表。就像秒针和分针有区别一样，主语、宾语也一定有区别。

"又谁怨"总共3个字，怎么区别呢？我们在《论语》同时代语言中找到74个"又"，发现它们全部位于主语之后，没有1例位于主语前边的。也就是说，主语在"又"的前边，宾语在"又"的后边。"又谁怨"的"谁"恰恰在"又"后边，它不是宾语是什么呢？

这样，"又谁怨""又焉贪"中的"谁""焉"两个疑问代词都是做宾语，两句的分布近似（因为毕竟是不同的疑问代词，动词也不一样，所以只能说"近似"，不能说"一样"），意义也就近似了。这又反映了语言的系统性。

所以，"择可劳而劳之，又谁怨？欲仁而得仁，又焉贪？"应该翻译为："选择可以役使的时机去役使百姓，（百姓）又能怨恨谁呢？追求仁德又得到了仁德，还贪求什么呢？"

我们这本书在后边会通过《论语》中的一些经典案例，讲解一些我们归纳的格式，通过对这些格式的归纳分析，以前没弄明白的一些词义，应该可以弄明白了。

审句例也即考察分布固然要自己来归纳格式，也就是总结古汉语中一些至今没被别人所总结归纳的规律、格式；更为重要的是，要运用前人总结的、被广泛承认和运用的词汇、语音尤其是语法的知识。这样，可以少花费许多时间，少走许多弯路。

上文我们说过的"又谁怨"是一个极好的例子。我们论证"又谁怨"的"谁"是宾语而不是主语，就运用了上古汉语中主语常常不出现，而像"谁"这样的疑问代词做宾语一般要放在动词前边这两点知识。

咱们说"张三对李四"，意思是张三和李四正在竞赛；而"张三对李四说"，就绝对不再是那个意思了。上古汉语与此类似，"某某谓某某"是一个句式，意思是某某评论某某。如《论语·八佾》："孔子谓季氏：'八佾舞于庭，是可忍也，孰不可忍也？'"是说孔子评论季氏，而不一定是当面对季氏说的。"某某谓某某曰"则是另外一个句式，意思是某某（当面）对某某说。如《八佾》："季氏旅于泰山。子谓冉有曰：'女弗能救与？'对曰：'不能。'"这是说鲁国权臣季氏竟然要去祭祀泰山，而按规定，只有天子和诸侯才有资格干这事。因此孔子对在季氏手下当差的学生冉有说，你不能采取补救措施吗？冉有回答说"不能"。《论语》以及《论语》同时代的其他书里，这两个格式都分得清清楚楚。

　　像"某某谓某某"意思是某某评论某某，而"某某谓某某曰"是某某对某某说这种区分得一清二楚的句式，有没有例外呢？理论上是有的。但你要说它是例外，得拿出十分过硬的证据，过硬的证据必须是语言系统内部的。

　　我们看《论语》中好些个"某某谓某某""某某谓某某曰"的句子，注释《论语》的专家都区分得一清二楚。但是，有两处例外。一个是《雍也》的"子谓仲弓曰：'犁牛之子骍且角。虽欲勿用，山川其舍诸？'"一个是《子罕》的"子谓颜渊曰：'惜乎！吾见其进也，未见其止也！'"有些《论语》注家把这两例断作"子谓仲弓，曰……""子谓颜渊，曰……"，并翻译成"孔子评论仲弓，说……""孔子评论颜渊，说……"或"孔子谈到仲弓，说……""孔子谈到颜渊，说……"。他们这样做，又拿不出什么过硬的证据，这就没什么道理了。

　　例如《子罕》"子谓颜渊曰:'惜乎!吾见其进也,未见其止也!'"他们之所以标点作"子谓颜渊,曰⋯⋯",是因为梁代皇侃说:"颜渊死后,孔子有此叹也。"但汉代的经学大师郑玄明明说过:"颜渊病,孔子往省之,故发此言,痛惜之甚。"(颜渊病得厉害了,孔子去探望他,所以说了这样的话,显得非常哀痛。)记得有人说过,颜渊都病成这样子了,孔子能当面说"惜乎"这样的话吗?他应该说:"不要紧,你会好的!"所以,应该标点为:"子谓颜渊,曰⋯⋯"表示这话不是当颜渊面说的。这是类似甲老外仅仅根据"情理"去推导词义的做法,下文我们还会讨论的,现在先放一边。既然有人喜欢以今人之心度古人之腹,我们姑且也有样学样试试如何?

　　《论语·雍也》:"伯牛有疾,子问之,自牖执其手,曰:'亡之,命矣夫!斯人也而有斯疾也!斯人也而有斯疾也!'"(伯牛生了病,孔子去探问他,从窗户里握着他的手说:"失去了这人,这都是命哪!这样的人竟得了这样的病!这样的人竟得了这样的病!")既然伯牛生病时,孔子能当面说出这样的话,为什么不能当面对颜渊说一声"惜乎"呢?

　　我们模仿这一回,不等于我们赞同这种甲老外的做法。还是那句老话,论证语言的问题,要以语言系统内部证据为主。

当然，运用语法知识也应该用审句例来做辅助。比如，语法书上说，上古汉语的连词"而"是连接两个谓词性结构的。什么意思呢？一是指"而"好比一根扁担，要挑两头；而不是像个包袱，只背在后面，前面却没有。二是指"而"这根扁担挑的，虽然有的轻（有时一两个词）有的重（有时一个句子），但不管轻重，一定是动词、形容词性质的东西，而不可能是名词、代词性质的东西。例如《子张》"君子尊贤而容众"，"尊贤"和"容众"都是动词、形容词性质的东西。

《论语·八佾》："子曰：'君子无所争。必也射乎！揖让而升下而饮。其争也君子。'""揖让而升下而饮"有两种断句，一为"揖让而升，下而饮"，一为"揖让而升下，而饮"。根据上面的规律，我们认为前一种断法是对的，因为这里两个"而"都是连接动词、形容词性质的词。我们不赞同后一种断法，因为这样，第二个"而"就不是挑担子而变成背包袱了。但是，尽管有语法书的支持，我们仍然调查了好几部古书中的全部"而"（多达 5736 个），才有这样说的底气。

哪种说法更可靠

你有没有看到过这样的情景：张三历数李四的不是，并说自己如何有道理，李四却哑口无言。这时，你或者大多数人，会倾向于谁呢？

但如果张三说李四错自己对的时候，李四早已去世了，那你会怎样认为呢？

学术史上就存在这样的情况。对于先秦典籍中的疑难字词句，可能是因为汉代人并不觉得难懂，也可能是因为他们有师承，也可能是因为学术尚未发展到那一步，总之，他们只是说了这些字、词、句的意思是什么，而往往没有解释其所以要那样理解的理由。清代学者却不但说了这些字、词、句的意思是什么，而且还说了为什么要解释成这样而不解释成那样的种种理由。

不知道是不是由于以上原因，学术界总是乐于接受清人对字词句的考据成果。我们看好些注解古书的著作，如王叔岷先生注解《庄子》，陈鼓应先生注解《老子》和《庄子》，都大量采纳清人的甚至现代学者的说法。

清代学者的说法往往较为容易被现代人接受的另一个原因，我想应该是：在学术史上，清代考据学地位极高，而疑难字词句的考证历来是考据中最重要的一环。既然如此，对其中一些大师级人物的字、词、句考证成果，研究者往往就不加仔细考虑地加以采纳了。包括我本人，以前也这样做过。

因此，就出现了这样的现象：有人认为杨伯峻先生的名著《论语译注》和《孟子译注》采纳清人成果过少，是一大缺点。

事实上，在这两部著作中，凡采纳清人说法而否定汉人说法者，基本上都错了（例如《雍也》第一章"雍也可使南面"，就采纳清人说法，说"南面"指当卿大夫，实际上"南面"指当天子）。也正因为杨伯峻先生采纳清人"成果"较少（钱穆《论语新探》也是这样），《论语译注》和《孟子译注》依然不失为名作。

在笔者所著《论语新注新译》（北京大学出版社）的162篇考证文章中，我们发现，当汉儒之说和宋、清诸儒及现代诸家之说不同时，正确的往往是汉儒。在这一百多篇文章中，有一两篇是宋代朱熹正确而汉人错误，但没有一篇是汉人错误而清人正确的。事实上，像王氏父子"终风且暴"那样的足以推翻汉代学者成说的精湛之作，在清儒的考据文章中所占比例是很小的；尤其当清儒及现代诸家用语言系统外部的证据来驳斥汉代学者之说时，还未见到过有正确的。

　　王力先生说："古代的经生们抱残守缺，墨守故训，这是一个缺点。但是我们只是不要墨守故训，却不可以一般地否定故训。训诂学的主要价值，正是在于把故训传授下来。汉儒去古未远，经生们所说的故训往往是口耳相传的，可信的程度较高。汉儒读先秦古籍，就时间的距离说，略等于我们读宋代的古文。我们现代的人读宋文容易懂呢，还是千年后的人读宋文容易懂呢？大家都会肯定是前者。因此，我们应当相信汉代的人对先秦古籍的语言比我们懂得多些，至少不会把后代产生的意义加在先秦的词汇上。"（《训诂学上的一些问题》第九小点《重视故训》）

　　王先生的意思是，汉朝距离春秋战国时期时间较短；并且春秋战国时期文献的确切意义是从同一时期的"经生"，也就是讲解儒家经典的人，一代代传授到汉朝的，因此是比较可信的。而且，由于汉朝距离先秦的时间短，先秦语言发展到汉代语言，变化不是太大，因而汉朝人对先秦文献的理解比起明朝、清朝的人来说，往往要准确可信许多。至少，汉朝人不会把"具臣"讲成"具有相当才能的臣属"，也不会把"望洋向若而叹"讲成"望着海洋对海神而感叹"。因为"具"的"才能"意义和"洋"的"海洋"意义都是汉朝过去以后很久才产生的。

考察"分布"

我们所见的古书注释著作或学术论文，往往采取以下两种做法。

第一种，就是所谓"广综博览，择善而从"。著者往往在"择善而从"之后加简短的按语，阐述选择这一说法的理由。

比如《论语·雍也》首篇："子曰：'雍也可使南面。'"意思是冉雍这个人可以让他面向南方。但这个"面向南方"不是单纯指坐北朝南，而有当天子、当诸侯、当卿大夫3种说法。有一部《论语歧解辑录》在这一章一共辑录了汉代包咸、刘向，宋代朱熹，清代王崇简、凌廷堪、王引之、刘宝楠，日本丰干（时代在王崇简之后，凌廷堪之前），现代方骥龄、金池、黄怀信共11人的说法。归纳这11人的说法，有人说冉雍可以当天子或诸侯，有人说冉雍可从政做官（担任卿大夫之职）。其中，汉代和宋代的3位学者都说"南面"

指当天子或诸侯。清代以后的 8 位学者，则说"南面"指当天子、诸侯的较少（刘宝楠、黄怀信 2 人），而说它指当卿大夫的较多（王崇简、丰干、凌廷堪、王引之、方骥龄、金池 6 人）。

最后，辑录者"择善而从"，也说"南面"指"可使其从政为官"：

> 辑者按：古以坐北朝南为尊位，天子、诸侯、卿大夫坐堂听政皆面南而坐。"南面"并非专指君主，古书中非君主而称"南面"者不乏其例。根据这个事实，《辞源》《汉语大字典》等皆释"南面"为天子、诸侯、卿大夫之官位，或圣贤之尊位。孔子此言，是说冉雍具有南面之才，有领导才能，可使其从政为官。至于可从什么级别的政，可做多大的官，无须明确限定，因为一个人的发展是不好估量的。

一个词的几个意义，是说这种语言的社群长期以来约定俗成的；至于这个词在具体句子中呈现哪一个意义，是上下文锁定的，而不是被历史事实、情理、义理等等所规定的。辑者所说"古以坐北朝南为尊位"云云，是语言系统之外的历史事实，它对词义没有限定性。

但辑者所说"古书中非君主而称'南面'者不乏其例"

如果是真的，则很有说服力，符合语言的社会性原则。只可惜，在先秦文献中，"南面"指天子的例证很多（17例）；指诸侯的也不少（6例），但时间较晚；但并没有1例是指卿大夫的。可见辑录者说"古书中非君主而称'南面'者不乏其例"，并没有亲自做一番认真调查。所以，根据语言的社会性原则，"南面"当然不是辑录者所说的"可使其从政为官"。

根据审句例所得结论，"雍也可使南面"是说冉雍的能力能够做天子。可见，这例"择善而从"最终没有成功。上文咱们说汉代人的说法比较可靠，你看，这一例中汉代人包咸、刘向所说都是对的。

但既然是择善而从，总会有许多是择对了的。例如《公冶长》：

> 子谓子贡曰："女与回也孰愈？"对曰："赐也何敢望回？回也闻一以知十，赐也闻一以知二。"子曰："弗如也，吾与女弗如也。"（孔子对子贡说："你和颜回，谁更强些？"子贡答道："我呀怎敢和颜回相比？颜回呀，听到一件事，可以推知十件事；我呢，听到一件事，只能推知两件事。"孔子说："不如他啊，……"）

最后一句没翻译，是因为"吾与女弗如也"中的"与"

字有连词和动词两种说法。当连词读作 yǔ，这句话是说我和你（在闻一知十这一点上）都不如颜回；当动词读作 yù，这句话的意思便是我赞同你前面说的你不如颜回的说法。《论语歧解辑录》共辑录了汉代包咸，晋代缪播，南齐顾欢，宋代朱熹，清代黄式三、梁廷枏、康有为以及现代程树德共 8 人的看法，其中只有朱熹和程树德持后一种看法。辑录者"择善而从"的结果也是从众：

> 辑者案：以上所论，关键在"与"字。"与"字有两种解释：一，连词"与"，言孔子说自己与子贡都不如颜回；二，动词"赞许"，孔子赞许自认不如颜回。均之二说，当以理解"与"字为连词方平实可信。

辑录者的结论是对的。《论语》同时代的典籍中，某某与（连词）某某怎样怎样的句子非常多，如《左传·成公十三年》："吾与女同好弃恶。"（我跟你同心同德，丢弃怨恨。）某某与（赞同）某某也是有的，但"与"后面跟的宾语都很简单，如"与其进也，不与其退也"（7.29，赞成他们的进步，不赞成他们的退步），"吾与点也"（11.26，我赞同曾点说的），从没见"女弗如"这么复杂的宾语。这一例中，时代较早的包咸、缪播、顾欢都没有说错。

总之，第一种做法的结果，经常是对错参半。那么，大家在逛书店买书的时候，见到这样注释的书，还是可以买几本的。不过，当看到书中辑录的有些人的说法是像下文所说的那样，你就千万不要相信了。千万不要相信的，是哪样的呢？这就是两种做法中的第二种：根据情理或义理逆推词义。

这一做法的第一步，常常是指出现在通行的理解不合情理，不符合某人（例如孔子、孟子、老子、庄子）的一贯思想，等等，因此这句话必须重新解读。第二步，或者是改变断句，或者是说对某词某字应重新理解——通常是找出该词该字的某个很偏的意义放入该句子。如果实在找不到作者期望找到的意义，就用种种办法说某字和另一字相通假，应读为另外一个字（比如说"有教无类"的"有"通"域"）；或者说因字形相近，是另外一个字误成了现在这个字，等等。第三步，说只有这样才符合情理，符合某人的一贯思想。

这一做法，除了是用情理、义理等等作为主要甚至唯一证据之外，还有两大要点：推翻前说，不审句例。

这是一种当前十分流行的做法，每年用此"方法"发表的论文不下数百篇，见于国内各大刊物。

十分惭愧的是，因为十分流行，著者本人在三十岁前后也写过这种文章。三十岁以后意识到这一做法不可取，但未找到正确途径，因而徘徊歧路；直到三十六七岁到北大系统学习了语言学，才算找到了正确的途径。

这种做法，一、三两步大致相同。至于中间那一步，无论其论证过程如何繁复，都只是论证了一种可能性，如甲字可与乙字相通。而无论这种可能性的论证如何证据确凿（如甲字与乙字相通很普遍，是绝无问题的），但两个字可以相通，并不见得在这一句中就必然相通。比如看到一个"蚤"字，就说它一定相当于早晨的"早"，它难道就不配做一只跳蚤吗？要说明这两个字在这一句一定相通，至为关键不可或缺的审句例也即考察分布的证据是不能缺位的。比如上文引用过的"蚤起"，"蚤"和"起"结合在一起，就不好说它是只快乐的跳蚤了。一旦这一证据缺位，可能性就仅仅是一种可能性，这一论证就注定是苍白无力的。至于完成第二步论证后的第三步，因为情理啊，思想啊，和词义并没有直接关系，也就是说它们对词义没有限定性，作为证据也是不自足的（不自足就是光有它还不够的意思）。

一个系统，从平面上看，像一个圆圈；从立体上看，像一个球体。它就像地球悬浮在太空，而系统之外的茫茫宇宙是浩瀚无垠的。语言系统外也是浩瀚无垠的，在这浩瀚无垠的三维中，所谓"证据"简直是多如牛毛。自然，依据这些"证据"所得出的结论也五花八门。如某位先生主张用史实考证古词语。因为卫灵公既宠幸南子，又和弥子瑕厮混，他便说《论语·子罕》和《卫灵公》中的孔子所说"吾未见好德如好色者也"（我没有见过喜爱道德胜过喜爱美色的人）的"好色"，既指好女色，也指好男色。"好色"是否包括"好男色"？在咱们谈语言的社会性时说过，词的意义是在社会中约定俗成的，词的意义不是历史事实规定的。既然它是在社会中约定俗成的，就只能还原到当时的语言中去考察它的意义，这就需要考察分布，就是审句例。我们考察分布的结果是，当时语言中，除了"好（hǎo）色"指美女、佳人外，其馀"好（hào）色"都指喜好女色，没有例外。例如《孟子·梁惠王下》：

> 王曰："寡人有疾，寡人好色。"对曰："昔者太王好色，爱厥妃。《诗》云：'古公亶父，来朝走马，率西水浒，至于岐下，爰及姜女，聿来胥宇。'当是时也，内无怨女，外无旷夫。王如好色，与百姓同之，于王何有？"
>
> （王又说："我有个毛病，我喜爱女色〔实行王政怕有困难〕。"孟子答道："从前太王也喜爱女色，娇宠他那个妃子。《诗经》说：'古公亶父清早骑着马，沿着漆水西，来到岐山下。视察民众的住宅，姜女始终跟着他。'这一时代，家中没有老处女，野外也找不到单身汉。王如果喜爱女人，能跟老百姓一道，对你实行王政有什么困难呢？"）

　　这一段文字既说"好色"，又说"爱厥妃"（娇宠他那个妃子），还说"爱及姜女"（姜女始终跟着他），我们就知道这里的"好色"是指太王好女色。这样的书证在《论语》和《孟子》时代的古书中一抓一大把，却找不到哪怕一例"好色"和"好（hào）"某男士联系在一起的上下文。这样一来，我们就知道，某先生的说法是不靠谱的。

　　以前解释字词意义，有门学问叫作"训诂学"，这可不大好懂。其实，训，就是"顺"的意思；诂，就是"故""古"的意思。训诂，就是把过去的、古代的不好懂的字词句给弄通顺了。训诂中解读古代字词句的方法，有形训、声训、义训等等。形训，就是从字形上来解释，如"休"，一个人靠在树木上就是"休息"。声训，是从语音上解释，例如咱们刚刚用这办法解释了"训"和"诂"两个字。这办法孔子也用过，例如《论语·颜渊》："季康子问政于孔子。孔子对曰：'政者，正也。子帅以正，孰敢不正？'"（季康子向孔子请教执政之道。孔子答道："'政'字含有'端正'的意思。你若带头端正自己，谁敢不端正呢？"）。义训，可就太宽了，凡是不通过语音和字形的分析而解释意义的都叫作"义训"。

　　可是以往学者们用以上这些方法来解释字词句的意义，最终往往还是达不成一致意见，依然是"公说公有理，婆说婆有理""十位学者十种结果"，为什么呢？这是因为，即使在语言系统这个圆圈或者这个球体内部，也存在无数的"点"，在这无数点上，使用义训、形训和声训等方法展开论证，最后也是有无数结论。用文绉绉的话来说，就是"聚讼纷纭""莫衷一是""言人人殊"——反正是各吹各的号，各唱各的调，谁都说自己吹得唱得最美妙。

但圆心或球心只有一个，谁能够插入圆心成为主轴呢？只有"分布"——因为分布与词义是一对一的，就像身份证和某人、车牌和某车是一一对应的一样。以考察分布为主轴，就是形训、义训和声训等训诂方法都围绕着分布来进行。也就是说，在用形训、义训和声训等方法解释某一疑难字词句时，总是不忘记考察分布这个必不能省的程序。

只有这样，才可以避免"公说公有理，婆说婆有理"，十个人各自研究同一个疑难词句才可能得出较为一致的结论，这样的训诂才有可能成为可重复可验证的训诂。总之，审句例即考察分布所得结论是可重复可验证的。

当然，考察分布是个细致活，需要考虑周全。但是，至少，当我们进行多人考察同一字词句的测验出现不一致的情况时，我们知道问题出在哪里——一定是考察分布不周全不细致所致。这个问题在我的新书《孟子新注新译》的《导言》末尾部分有较为详细的解说，可以参考。

第四讲

《论语》中易误解的词语和语法现象

《论语》的语言属于上古汉语。语言是发展的，在语言的词汇、语法和语音三个要素中，词汇的发展最快，语法最稳定。

词汇的发展，除了旧词消亡、新词产生这种情况以外，还表现为词义不断演变。随着社会的发展和人们认识世界的深化，绝大多数词的意义都发生了程度不同的变化。所以，我们在学习《论语》以及其他上古汉语的文献的时候，要特别注意古往今来词的意义的相同之处和不同之处，即古今词义的异同。

古今词义的异同分为三种情况。第一种，古今意义基本上没有变化。第二种，古今意义完全不同。第二种情况，实际上是同一个"字"在古代和今天承载了不同的两个词。第三种，也就是最应当注意学习的一种，是有相当数量的常用词，古今词义之间既有联系，又有发展，既有某些相同的地方，又有各种不同的地方。前两种情况比较好办。第一种，对词义的理解不会有什么困难。第二种，虽然对初学者是个困难，但这困难易于克服，只要勤查字典、辞书，就可以避免理解上的错误。第三种，是学习上的难点和重点。因为，人们往往忽略这类词古今的差异，往往以为读懂了，结果却是以今律古——拿着今天的意义去理解古书上的它。所以，第三种才是我们学习时应当重点掌握的。所以，对《论语》中的这类词，咱们在本讲要做重点分析。

　　在语言的三个要素中，语法是最稳定的，有史以来的数千年中，汉语语法的变化并不大，即便如此，数千年积累下来，总会有一些变化。我们学习《论语》以及其他的上古汉语作品，最要紧的，是学习语法中那些变化了因而古今不同、容易造成误解的部分。本讲也要说说这种不同于现代汉语语法的上古汉语语法。

了解词的前世今生

　　首先，得介绍一下什么叫词，什么叫词汇。词，咱们在第三讲已经讲过了，是语言中一个较小的单位。比如人、人民、劳动、运动等等，都是"词"；但决不能把单个的"人"或"人民"这种"词"叫作"词汇"。词汇，又称语汇，是一种语言里所有的或特定范围的词和固定短语（比如成语——胸有成竹，专有名词——中华人民共和国，结构对称的习惯用语——你一言我一语）的总汇。说总汇，比较好懂。什么叫特定范围的词和固定短语的总汇呢？比如医学词汇，就是特定范围的词和固定短语的总汇，例如"瘫痪""注射""穿刺"（这三个是词），"庆大霉素""美尼尔综合症"（这两个是固定短语）。

　　词和词汇的关系就好比"人"和"人民"的关系一样。可以说"张三这人真可爱"，但不能说"张三这个人民真可爱"。同样，"和平"是个"词"，但它不是一个"词汇"。

　　要学好《论语》，必须懂点语言学，因此也就要懂点语言学词汇（例如"分布"）。不过本书为了通俗易懂，尽量少用它罢了。

　　上文说过，有一种词古今意义基本上没有变化，如马、牛、羊、山、水、日、月、人、手，等等。这一类词，咱们基本不用专门学。这一类词，属于汉语的基本词汇。基本词汇数量少，且比较稳固，不大变化。咱们说词汇变化较快，主要指占总词汇量90%以上的一般词汇。基本词汇量虽少，能量却大。第一，一般词汇往往是由基本词汇组成的。例如，"天"是基本词汇的一员，它可以组成"天子""天下""天地""天线""明天""昨天"这些词。第二，凡说这种语言的人都得用它，不像有些一般词汇，是医学专用的，是物理学专用的，是化学专用的，等等。像"牛""马""人"这些词，凡说汉语的都得说它。

　　第二类词，古今意义完全不同。这其实是一个"字"在古代和今天承载了不同的词。例如"听"（不是指"聽"的简体），读作 jīn，形容笑的样子。又如"绸"字，是"缠绕"的意思。《诗经》里有首叫作《鸱鸮》的诗，有几句说："迨天之未阴雨，彻彼桑土，绸缪牖户。"陈子展先生的译文是："趁着天气的没有阴雨，剥取那些桑树的根皮，好好结扎窗子和门户。"结扎，就是捆扎，就是缠绕。成语"未雨绸缪"就是从这里来的，它原来的意思是，没下雨之前，要把门窗捆扎好；现在的意思是，对事情要早做预防，早做准备。

又如"该"字，是"完备"的意思。咱们现在常说的成语"言简意赅"的"赅"就是"完备"的意思，而"该"和"赅"是古今字关系。也就是说，表示"完备"读作 gāi 的词，先写作"该"，后写作"赅"。

这类词也不太多，只要一一记住就行了。

第三种，是最应当注意学习的一种。有相当数量的常用词，古今词义之间既有联系，又有发展，既有某些相同的地方，又有各种不同的地方。如果你对这类词不重视，就容易忽略这类词古今的差异，结果以为懂了，其实并没有懂，只是拿它今天的意义去理解古书中的这个词。《论语》里有好些这一类的词，要弄懂《论语》每句话的意思，就得好好学习这些词。下面，我们就按照《论语》的顺序，讲讲其中的一些这类词。

1. 时

翻开《论语》首篇《学而》的第 1 章第 1 句"学而时习之"，问题就来了。这句话容易让人理解为：学习，要时常（或"时时"）复习。可这是错的。为什么呢？因为"时"的"时常"（时时）意义是后起的。在《论语》的时代，它做状语（修饰句中谓语的就是状语）时，是"按时""定时"的意思。它从"按时""定时"意义上变化出"时常"的意义，不会早于南北朝。唐朝岑参的诗："请君时忆关外客，行到关西多致书。"这句是说，请先生时常想念函谷关外的游客。到了宋代，朱熹讲《论语》这句，就用"时常""时时"的意义来解说"学而时习之"了。他说："既学而又时时习之，则所学者熟，而中心喜悦。"这当然不对。这句应当译为"学了后又定时复习它"。《论语》中类似的还有《乡党》第 7 章的"不时，不食"，应当译为"不到该吃的时候，不吃"。该吃的时候吃饭，就是按时吃饭。

2. 忠、菜、宫

《学而》第 4 章："吾日三省吾身，为人谋而不忠乎？与朋友交而不信乎？传不习乎？""为人谋而不忠乎"应译为"为别人办事是否尽心竭力了呢"。

上文说过，古今词义之间既有联系，又有发展。怎么发展的呢？有的是词义范围的差异，有的是词义感情色彩的差异。在"词义范围的差异"中，又分为词义范围的扩大、词义范围的缩小和词义范围的转移三种。

词义范围扩大，比如，现在鸡鸭鱼肉都是"菜"，古代"菜"却只指蔬菜。也就是说，"菜"的词义从古代到现代扩大了，由专指蔬菜扩大到指一切菜了。其实，"菜"指蔬菜，从文字上也可见端倪，它不是有个"草"字头嘛！《乡党》："虽疏食菜羹，必祭，必齐如也。"杨伯峻先生译为："虽然是糙米饭小菜汤，也一定得先祭一祭，而且祭的时候还一定恭恭敬敬，好像斋戒了的一样。"杨伯峻先生是湖南长沙人，他的《论语译注》和《孟子译注》中偶有用长沙方言写作的地方，比如这里的"小菜"，长沙话就指"蔬菜"。如果你把"菜羹"理解为"菜汤"，就不准确了。

又如"江""河"，古代指长江、黄河，现在指一切江、河。

词义范围缩小。我们知道北京有故宫，那是帝王住的地方，还有秦代的阿房宫、汉代的未央宫等。有的寺庙也叫"宫"，如北京的雍和宫。到了现代，一些比较大的建筑或一些大的场所也叫"宫"，如青少年宫、劳动人民文化宫等。可是，在上古汉语中，一切房屋都叫"宫"。《子张》第23章："叔孙武叔语大夫于朝，曰：'子贡贤于仲尼。'……子贡曰：'譬之宫墙，赐之墙也及肩，窥见室家之好。夫子之墙数仞，不得其门而入，不见宗庙之美，百官之富。'"杨伯峻先生译为："叔孙武叔在朝廷中对官员们说：'子贡比他老师仲尼要强些。'……子贡道：'拿房屋的围墙作比喻吧：我家的围墙只有肩膀那么高，谁都可以探望到房屋的美好。我老师的围墙却有几丈高，找不到大门走进去，就看不到他那宗庙的雄伟，房舍的多种多样。'"

这里的"宫墙"，杨先生译为"房屋的围墙"是十分准确的。"宫"由指一切房屋，发展到后来专指大的、雄伟的建筑和场所，词义是缩小了。如果你把"宫墙"理解为"宫殿的围墙"，那就错了。

《泰伯》第 21 章：“禹，吾无间然矣。菲饮食而致孝乎鬼神，恶衣服而致美乎黻冕，卑宫室而尽力乎沟洫。”杨伯峻先生译为：“禹，我对他没有批评了。他自己吃得很坏，却把祭品办得极丰盛；穿得很坏，却把祭服做得极华美；住得很坏，却把力量完全用于沟渠水利。”杨先生把“卑宫室”译为“住得很坏”，也是准确的。

又如“忠”。现在只能是下级、晚辈对上级、长辈而言，或公民对国家而言，而不能相反；《论语》时代则不一定。“与人谋而不忠乎？”这里“人”指“他人”，不一定非得是上级。所以，杨伯峻先生译这句为：“替别人办事是否尽心竭力了呢？”“居处恭，执事敬，与人忠。虽之夷狄，不可弃也。”（《子路》第 19 章）“与人忠”就是和他人打交道尽心竭力。“夫子之道，忠恕而已矣！”（《里仁》第 15 章）曾子总结孔子的主张，就“忠”和“恕”两个方面。如果把“忠”按它现在的意思来理解，不是会错误地理解孔子的主张吗？

“忠”在上古汉语中是对所有人“尽心竭力”，到了现在，只是下级、晚辈对上级、长辈，或公民对国家才“尽心竭力”，不是词义的范围由大变小了吗？

词义的转移。比如“涕”，古代指眼泪，杜甫的《登岳阳楼》：“戎马关山北，凭轩涕泗流。”这里“涕”指眼泪，“泗”指鼻涕。“涕泗流”类似现在说的“眼泪鼻涕一大把”。

后来，"涕"专指鼻涕了，那么，"眼睛里出来的液体"就由"泪"这个词来顶替了。

3．人、民

《学而》第5章："道千乘之国，敬事而信，节用而爱人，使民以时。"这一章出现了"人"和"民"两个字。目前，通过电脑软件，已经可以穷尽性全面性地通过审句例考察当时典籍中的所有"人"字，然后予以综合分析归纳。通过这一分析归纳，"人"在《论语》时代的语言中只有两个意义。一是指一切人，指人类；一是由指一切人的意义变化而来的指别人、他人，例如"人为刀俎我为鱼肉"中的"人"。而"人"与"民"意义的差别是，前者往往指单个的人，后者往往指群体的"人"。

这章的"人"就是指别人、他人，所以我们译"节用而爱人"为"节约费用，爱护他人"。

《论语》中的"人"共出现了200多次，"民"也出现了好几十次，如果不把这两个词的意义弄清楚了，是不可能正确理解孔子的思想主张的。

4．言

言，往往指言辞中的一句话。《为政》："《诗》三百，一言以蔽之，曰：'思无邪。'"咱们常说"一言难尽""一言为定""一言九鼎""一言既出，驷马难追"，其中的"一言"都指一句话。

但"言"也指言辞中的一个字。《卫灵公》第24章："子贡问曰：'有一言而可以终身行之者乎？'子曰：'其"恕"乎！己所不欲，勿施于人。'"这章的"一言"就指一个字。所以我们译这章为："子贡问道：'有一个字可以终身奉行的吗？'孔子说：'大约是"恕"吧！自己不想要的东西，不要强加给别人。'""秦时明月汉时关，万里长征人未还。但使龙城飞将在，不教胡马度阴山。"（〔唐〕王昌龄《出塞》）这首诗是一首"七言绝句"。"七言"指每句七个字。"故人具鸡黍，邀我至田家。绿树村边合，青山郭外斜。开轩面场圃，把酒话桑麻。待到重阳日，还来就菊花。"（〔唐〕孟浩然《过故人庄》）这首诗是一首"五言律诗"。"五言"指每句五个字。

5．文献

《八佾》第9章："夏礼，吾能言之，杞不足征也；殷礼，吾能言之，宋不足征也。文献不足故也。足，则吾能征之矣。"这里的"文献"不是咱们现在所说的"各种传抄和出版的用来阅读的文档的总和"，只有其中的"文"是指的这个，而"献"指的是"贤人"。有一本韩愈也说"诘屈聱牙"的书叫《尚书》，其中有篇《大诰》说："民献有十夫予翼。"意思是，老百姓中的贤人有十位来帮助我国。所以，杨伯峻先生翻译这章为：

夏代的礼，我能说出来，它的后代杞国不足以作证；
殷代的礼，我能说出来，它的后代宋国不足以作证。这
是他们的历史文件和贤者不够的缘故。若有足够的文件
和贤者，我就可以引来作证了。

文献，译成了"历史文件和贤者"，这当然是正确的。

6．见

《八佾》第24章："仪封人请见，曰：'君子之至于斯也，
吾未尝不得见也。'从者见之。出曰："二三子何患于丧乎？
天下之无道也久矣，天将以夫子为木铎。'"这一章有两句
值得注意："仪封人请见"和"从者见之"。这两句中的"见"，
以前读作 xiàn（现在读 jiàn），第一个是请求对方接见自
己的意思，第二个是"使……被接见，让……被接见"的意
思。第一个意思在《曹刿论战》中出现过："公将战，曹刿
请见。"所以，杨伯峻先生翻译这章为："仪这个地方的边
防官请求孔子接见他，说道：'所有到了这个地方的有道德
学问的人，我从没有不和他见面的。'孔子的随行学生请求
孔子接见了他。他辞出以后，对孔子的学生们说：'你们这
些人为什么着急没有官位呢？天下黑暗日子也长久了，（圣
人也该有得意的时候了，）上天会要把他老人家做人民的导
师哩。'"

《论语》中以前读 xiàn 现在读 jiàn 的"见"字还出现

在《泰伯》第 13 章："天下有道则见，无道则隐。"这句的意思是：天下太平，就出来工作；不太平，就隐居。这里的"见"和《战国策·燕策三》"图穷而匕首见"的"见"都是"出现"的意思。

另外，《季氏》第 1 章："冉有、季路见于孔子。"这里的"见"也是被孔子接见的意思，过去也是读作 xiàn 的。当然，翻译的时候，可以译作"谒见""拜见"："冉有、季路两人谒见孔子。"

7. 再、复（復）

《公冶长》第 20 章："季文子三思而后行。子闻之，曰：'再，斯可矣。'"这个"再"字，我想不用我"再"来介绍一遍了。《曹刿论战》的"夫战，勇气也，一鼓作气，再而衰，三而竭。彼竭我盈，故克之"，大家一定很熟悉。"再"就是"两次"的意思。所以杨伯峻先生将这章译为："季文子每件事考虑多次才行动。孔子听到了，说：'想两次也就可以了。'"

那么，"再"既然是"两次"的意思，要表达现代汉语的"又一次"的意思（比如某歌星已经谢幕两次了，观众仍兴致未减，狂呼："再来一首！再来一首！"），该用哪个词呢？就是"复"（復）字。《述而》第 5 章："子曰：'甚矣吾衰也！久矣吾不复梦见周公！'"（孔子说："我衰老得多么厉害呀！我好长时间没再梦见周公了！"——杨伯峻先生《论语译注》，以下简称"杨译"）你们看，这里是用"再"去翻译"复"的。小明上课老打瞌睡，老师打趣说，他又梦见周公了。这典故就从《论语》这儿来的。

8．伐

《公冶长》第26章："愿无伐善，无施劳。"什么意思呢？伐，是夸耀自己的意思。无，通"毋"，不要。《论语》中有好几处"毋"都用"无"来代替；《孟子》干脆没有一处"毋"，全用"无"来代替。那么，"无伐善"就是不夸耀自己的好处。《雍也》第15章："孟之反不伐，奔而殿，将入门，策其马，曰：'非敢后也，马不进也。'"（孟之反不夸耀自己，撤退时他走在最后，掩护全军，将进城门，便鞭打着马匹说道："不是我敢于殿后，是马匹不肯快走的缘故。"）

从前有位教师把《老子》（也就是《道德经》）第24章"自伐者无功"（自己夸耀的，反而不得见功——陈鼓应《老子今注今译》）翻译为"自己砍伐的没有功"。这是典型的以今律古——拿该字词现在的意义去理解它古代的意义，结果闹了笑话。

9．肥

《雍也》第4章"赤之适齐也，乘肥马，衣轻裘。吾闻之也，君子周急不继富。"（公西赤到齐国去，坐着由肥马驾的车辆，穿着又轻又暖的皮袍。我听说过，君子只是雪里送炭，不去锦上添花。——杨译）现在"肥"这个词单用，在普通话里不会指人，只指家畜；在广东话里却可以指人，广东话叫"胖子"为"肥佬"。

"肥"在古代基本上也指家畜。重要的一点是，这个词现在指脂肪（就是"肥肉"）多，上古汉语却指肌肉（就是"瘦肉"）多，应该译为"壮硕""健壮"。如果有人翻译"乘肥马"为"乘坐胖乎乎的马拉的车"，可就糗大了；应该译为"坐着壮硕的马拉的车"。

上文曾经说过词义的扩大、词义的缩小和词义的转移。这一例应该属于"词义的转移"。可是为什么"肥"会由指壮硕变成指肥胖呢？大约因为壮硕使得体型增大，肥胖也使得体型增大。举一个例子，"壮"在普通话里指健壮，但在湖南长沙、湘潭、宁乡一带的方言里指肥胖。当地俗话便说："人怕出名猪怕壮。"又说："咯只老倌子好壮，怕有两百斤咧（这个老头很胖，恐怕有两百斤吧）。"

再扯远一点儿，湖南衡阳话说某气味"好听""不好听"，这似乎很奇怪；但是咱们现在说某气味"好闻""难闻"，"闻"最初不也是耳朵的功能吗？换言之，"闻"由耳朵的功能变成鼻子的功能，和衡阳话"听"由耳朵的功能变成鼻子的功能，其实都一样，是词义的转移。

10. 水、汤

《述而》第16章："饭疏食，饮水，曲肱而枕之，乐亦在其中矣。不义而富且贵，于我如浮云。"（吃粗粮，喝冷水，弯着胳膊做枕头，也有着乐趣。干不正当的事而得来的富贵，我看来好像浮云。——杨译）水，属于基本词汇，词义当然是稳固的。这也就意味着它在上古汉语中，当然也是指水——人类不可或缺的液体。但它还特指冷水，这个意义却是现代汉语所没有的。其实说它特指冷水似乎有些勉强，因为咱们所说的人类不可或缺的江河湖海里的液体，一般来说，本来就是冷的。问题是，古代热水叫"汤"："见善如不及，见不善如探汤。"（看见善良，努力追求，好像赶不上似的；遇见邪恶，使劲避开，好像将伸手到沸水里。——杨译）（《季氏》第11章）现在却叫"热水""开水"。《孟子·告子上》"冬日则饮汤，夏日则饮水"，汤指热水，水指冷水，各司其职。后来"水"的地盘扩大了，热水冷水都是"水"；"汤"的地盘就缩小了，只能指菜汤（菜汤一般是热的，俗话说，喝汤要趁热）。不过，地名比较能存古，许多有"汤"的地名都与温泉有关，如南京的汤山，北京的小汤山，湖南宁乡的灰汤，湖北英山的北汤河、东汤河、西汤河等等，都是有温泉的疗养胜地。

因此，对于"汤"来说，词义范围是缩小的。

11. 可

《泰伯》第9章："子曰：'民可使由之，不可使知之。'"据说"子曰"后面的十个字有八种断句，咱们这里不想细说，因为，其中只有"民可使由之，不可使知之"的传统断句法是经得起审句例也就是考察分布的检验的。咱们想说的是，当时语言中，"可"除了单独使用，只表达客观可能（说话人认为可能、只能那样），不表达主观意志（说话人认为应该、必须那样）。所以，不能说孔子在这里鼓吹愚民，他"要让"老百姓顺着我们的道路走下去，"不要让"他们明白那是为什么。而是孔子认为，让老百姓顺着我们的道路走下去，可以做到；让他们明白那是为什么，难以做到。《孟子·尽心上》："行之而不著焉，习矣而不察焉，终身由之而不知其道者，众也。"（如此做去，却不明白其当然；习惯了却不深知其所以然；一生都从这条大路走去，却不了解这是什么道路的，这是一般的人。——杨伯峻先生《孟子译注》）这句话也正是这意思。

后来的汉语中，"可"能够表达主观意志了，如："不可随地吐痰！""此处不可小便！"后来有些人便拿"可"现在的意义去理解"民可使由之，不可使知之"，从而得出孔子主张"愚民"的结论。有些人不赞同孔子主张愚民，但又不会"审句例"，便只能在断句上下功夫。当他那样断了之后（例如："民可，使由之；不可，使知之。""民可使，由之；不可使，知之。"）自己觉得通顺，没有经过审句例的检验，便以为这是确切结论了。这些，当然都是不对的。

12．少、少年、童子

《子罕》第 6 章："太宰问于子贡曰：'夫子圣者与？何其多能也？'子贡曰：'固天纵之将圣，又多能也。'子闻之，曰：'太宰知我乎？吾少也贱，故多能鄙事。君子多乎哉？不多也。'"这章的"吾少也贱"翻译成"我少年时期地位不高"行不行呢？恐怕不行。

《述而》第 29 章："互乡难与言，童子见，门人惑。"《先进》第 26 章："莫春者，春服既成，冠者五六人，童子六七人，浴乎沂，风乎舞雩，咏而归。"

郭沫若先生翻译了歌德的小说《少年维特之烦恼》，有人给郭先生写信说，您翻译的书名不准确，从维特的年龄看，应该是青年，所以该译为"青年维特之烦恼"。

现在人的年龄段是这样分的：婴儿、儿童、少年、青年、中壮年、老年。近年又有人提出要把壮年和中年分开。古代可是这样分的：婴儿（细分的话，男的叫"儿"，女的叫"婴"）、孺子（2—8 岁）、童子（8—19 岁）、少年、壮年、老年。其中"童子"跨度较大，而"少年"却相当于现在的青年。郭沫若先生翻译歌德的书，还是按照以前对"少年"的理解来译的。明白了这一点，就不难理解岳飞《满江红》"莫等闲白了少年头"，就不难理解"少壮不努力，老大徒伤悲"，就不难理解什么叫作"少壮派"。明白了这一点，《述而》的"互乡难与言，童子见，门人惑"，《先进》的"莫春者，春服既成，冠者五六人，童子六七人，浴乎沂，风乎舞雩，咏而归"，其中的"童子"恐怕就不能译为"小孩"，而应当译为"少年"。

现在我们该知道了，"吾少也贱"应当译为："我年轻时地位低下。"

13．空空

《子罕》第 8 章："吾有知乎哉？无知也。有鄙夫问于我，空空如也。我叩其两端而竭焉。""空空"是"什么都没有"的意思吗？答案是否定的。

上古汉语中的词往往只有一个音节，这个特点使得它刚好和一个"字"吻合；而且，有些字就是专为这个词而造的，例如"休"字，一个人靠在树上，就是休息。由于好些"字"有字形、语音、意义"三位一体"的特点，很多人就分不清字和词的区别。但是有些词不止一个音节，对这样的词而言，字便只是个记音符号而已。既然只是记音符号，用这个字或那个字都可以，所以这样的词就往往有两种或两种以上的写法。叠音词就是其中的一种，包括"空空"，它又写作"悾悾"，意思是"诚恳的样子"。

例如咱们体育课时常说的"匍匐"，古代又可写作"蒲服""蒲伏""匍伏""盘伏""俯伏""扶服"等等。

知道了这一点，就能明白这一章中"空空如也"不应当翻译为"一点也不知道""他心空空，一无所知"。所以，我们译这章为："我有知识吗？没有呢。有个种田的向我求教，很诚恳的样子。我从他那个问题的头和尾去盘问，（才领会到很多意思，）然后尽量地告诉他。"

现在的成语"空空如也"就是从《论语》来的。它理解为"什么都没有"，是语言约定俗成的结果；而一旦约定俗成，就带有强制性。因此咱们不能把它理解为"诚恳的样子"。

14．颜色

《乡党》第4章："出，降一等，逞颜色，怡怡如也。"这句是说孔子从朝堂之上出来，下了一级台阶，脸色放松，怡然自得。其中的"颜色"，可不是咱们现在所说的赤橙黄绿青蓝紫。颜，指面容，脸色。这个字右边的"页"跟书本没有关系，而是颗人脑袋。所以，许多以"页"作偏旁的字都跟脑袋有关系，如顶、项、领、颏、颊、颈、额、颧等。色，指面部表情。《颜渊》"察言而观色"，"观色"就是注意别人脸色的变化。《泰伯》第4章记载曾子临死说的话："君子所贵乎道者三：动容貌，斯远暴慢矣；正颜色，斯近信矣；出辞气，斯远鄙倍矣。"意思是："君子所看重合乎'道'的有三点：严肃自己的容貌，就可以避免他人无礼慢待；端正自己的脸色，就容易令人信服；说话文雅，就可以避免粗鄙和错误。"《季氏》第6章记载孔子所说："侍于君子有三愆：言未及之而言谓之躁，言及之而不言谓之隐，未见颜色而言谓之瞽。"意思是："陪同君子容易有三种过失：还不该他说却说了，叫作急躁；该他说了却不说，叫作隐瞒；不察言观色张口就说，叫作瞎了眼。"

15．恶

《乡党》第7章："色恶，不食；臭恶，不食。"说的是如果食物颜色难看，不吃；气味难闻，不吃。"恶"有个意义现代汉语不单独用了，就是样子难看，或闻着难受，或质量低劣。色恶，是不好看；臭（音 xiù，气味）恶，是不好闻。我住处附近有家超市，里面卖一种"巧克力软法"面包，活像一坨牛屎，孔夫子若活到今天，大约不会吃的；至于榴莲，如果他老人家见到了，也不会"流连忘返"吧。

《里仁》第9章："士志于道，而耻恶衣恶食者，未足与议也。"恶衣恶食，指质量低劣的衣服、食物。孔子在这一章说，士人有志于真理，但又以穿破衣吃粗粮为耻辱，这种人便不值得同他商议。上文说，"恶"的这个意义"不单独"使用了，就意味着它可以和其他的成分合起来使用，例如"丑恶"中的"恶"就是用的这个意义。

16．为

《先进》第15章："由之瑟奚为于丘之门？"杨伯峻先生译为："仲由弹瑟，为什么在我这里来弹呢？"将"为"译成"弹"是没有问题的，但要说"为"有"弹"的意义却是错的。为什么呢？这还得从"混蛋动词"说起。八九十年前，有位语言学家叫刘复，他写了篇文章叫《说"打"》，给"打"这样的动词取了个名叫"混蛋动词"（也就是现在说的"泛义动词"），它的特征是可以带各种各样的宾语，可以替代各式各样的动词。比如买酱油可以说成"打酱油"，购票可以说成"打票"，乘车可以说成"打车"。类似的动词还有"做""搞""弄"等。如果外国人觉得学汉语麻烦，可以教给他两三个"混蛋动词"，保管有用！

古代汉语有没有"混蛋动词"呢？也是有的，它就是"为"。《论语》中有好几处"为政"（《为政》《颜渊》《子路》），可以译为"搞政治"；有几处"为国"（《里仁》《先进》），又有两处"为邦"（《子路》《卫灵公》），可以译为"治理国家"；还有"为圃"（《子路》），可以译为"整理菜园"；还有"为命"（《宪问》），可以译为"起草外交辞令"；还有"为《周南》《召南》"（《阳货》），可以译为"研究《周南》《召南》"；还有"为礼""为乐"（《阳货》），可以译为"习礼仪""奏音乐"；还有"为黍"（《微子》），可以译为"做饭"。你看，做"混蛋动词"，它够格吗？

但是，不能把以上的翻译（如"整理""起草""研究"等）都说成"为"的各个意义。我们看《王力古汉语字典》是如何介绍"为"的："为：做，造作。……'做'的含义相当广泛，在具体上下文中可译为'治''学''安排'等。"可见，根据上下文来翻译是可以的，但如果把翻译的当成"为"的意义，那未免太多了点儿。最好的办法是，用现在的"混蛋动词"来翻译"为"，比如我们译"由之瑟奚为于丘之门"为"仲由鼓瑟，为什么到我这儿来弄呢"。

17. 饥、饿

《颜渊》第9章："年饥，用不足，如之何？"《季氏》第12章："伯夷、叔齐饿于首阳之下，民到于今称之。"那么，这里"饥"和"饿"有什么区别呢？这要分两点来讲。

第一点，现在简体字，不管"饥荒"还是"饥饿"的"饥"，都写作"饥"，古代却是有区别的：饥荒的"饥"写作"饑"，饥饿的"饥"写作"飢"，虽然这两个字可以通假，一般还是分得很清楚的。可见，"年饥，用不足"的"饥"是"饑"。《先进》第26章"因之以饥馑"的"饥馑"繁体字写作"饑饉"。《论语》中是没有表示肚子饿的"飢"字的。

第二点，"饥"表示一般的肚子饿，例如一两餐没吃，顶多一两天没吃；"饿"则表示饿得很厉害了。比如《孟子·尽心下》的"饥者甘食，渴者甘饮"，是说肚子饿的人吃什么都香，口渴的人喝什么都甘甜。《季氏》第12章："伯夷、叔齐饿于首阳之下，民到于今称之。"我们译之为："伯夷、叔齐饥肠辘辘于首阳山下，大家到现在还称颂他们。"用"饥肠辘辘"来译"饿"，应该大致差不多吧。

167

18. 志

《宪问》第 36 章："夫子固有惑志，于公伯寮，吾力犹能肆诸市朝。"说的是公伯寮向季孙毁谤孔子弟子子路，子服景伯便对孔子说，（季孙）他老人家固然有些胡涂想法，但对于公伯寮，我的力量还足以将他的尸首示众街头。志，容易理解为"志向"，但不确切。《古汉语常用字字典》中归纳"志"的第一个义项为"心意"，较有概括性；我们认为也可归纳为"想法"。《左传·襄公九年》："晋师可击也，师老而劳，且有归志，必大克之。"（晋军可以攻击，军队长久在外边因而疲劳，而且有回去的念头，必然可以大胜他们。——沈玉成《左传译文》）《襄公十六年》："诸侯有异志矣。"（诸侯有别的想法了。——沈玉成《左传译文》译）志向即大的、坚定的想法，也就是说，志向是想法的一种。这样看来，从古至今，"志"的词义范围缩小了。《论语》中有多处"志"，解释为"心意""想法"都十分顺畅。例如《学而》第 11 章："子曰：'父在，观其志；父没，观其行。'"（孔子说："他父亲还健在，要观察他的想法；父亲不在了，要考察他的行为。"）《里仁》第 18 章："子曰：'事父母几谏，见志不从，又敬不违，劳而不怨。'"（孔子说："侍奉父母，〔对他们的过错，〕要轻微地劝止，若见到他们的心意是不打算听从规劝，仍然恭敬而不违背他们，虽然劳苦，但不埋怨。"）《子罕》第 26 章："子曰：

'三军可夺帅也，匹夫不可夺志也。'"（孔子说："一国的军队，可以强取它的主帅；一个平头百姓，却不能剥夺他的想法。"）

19. 穷、贫、达、富

《卫灵公》第 2 章："在陈绝粮，从者病，莫能兴。子路愠见曰：'君子亦有穷乎？'子曰：'君子固穷，小人穷，斯滥矣。'"在陈这地方绝粮了，子路气冲冲地对孔子说："君子也有穷得叮当响的时候吗？"这样理解，好像一点儿问题没有，实际上还差那么一点儿。

有个考察同义词的诀窍，就是考察它们的反义词。比如贫、穷是一对同义词，它们的区别在哪儿呢？考察它们的反义词就行了。先看"贫"的反义词。《学而》第 15 章："子贡曰：'贫而无谄，富而无骄，何如？'子曰：'可也。未若贫而乐，富而好礼者也。'"（子贡说："贫穷却不巴结奉承，有钱却不骄傲自大，怎么样？"孔子说："可以了。但是还不如虽贫穷却乐于道，纵有钱却谦虚好礼哩。"——杨译）《泰伯》第 13 章："子曰：'邦有道，贫且贱焉，耻也；邦无道，富且贵焉，耻也。'"（孔子说："政治清明，贫穷低贱，是耻辱；政治黑暗，富足高贵，也是耻辱。"——杨译）《宪问》第 10 章："子曰：'贫而无怨难，富而无骄易。'"（孔子说："贫穷却没有怨恨，很难；富贵却不骄傲，倒容易做到。"——杨译）可见，"贫"

的反义词是"富"。贫，是没钱财，缺吃少穿；富，是钱财很多，吃穿用度充裕。

再看"穷"的反义词。鉴于《论语》中没有"穷"和它的反义词一道出现的例子，我们举《孟子·尽心下》的一例："士穷不失义，达不离道。穷不失义，故士得己焉；达不离道，故民不失望焉。古之人，得志，泽加于民；不得志，修身见于世。穷则独善其身，达则兼善天下。"（士人不得志时，不失掉义，得志之时，不离开道。不得志时不失掉义，所以能够葆有本性；得志之时不离开道，所以百姓不致失望。古代的人，得志，恩泽普施于百姓；不得志，修养个人品德而表现于世间。不得志时，便独善其身；得志之时，便兼善天下。）可见，"穷"的反义词是"达"。达，指得志；穷，指不得志，用成语来表达，就是"山穷水尽"。

所以，《卫灵公》第2章应当译为："孔子一行在陈国断粮了，跟随的人都难受极了，没人能站得起来。子路很不高兴地来见孔子，说：'君子也有困顿得一筹莫展的时候吗？'孔子说：'君子固然有困顿的时候，而小人一困顿，就无所不为了。'"

20．教、诲

《卫灵公》第39章："子曰：'有教无类。'"当时语言中有个"有……无……"的格式，成语"有备无患"属于这个格式，它正是从那时语言中流传至今的，其中的"有"

是"有没有"的"有"。考察当时语言，"教"的宾语可以是诸侯以及卿大夫等贵族。如《孟子·梁惠王上》记载齐宣王对孟子说："愿夫子辅吾志，明以教我。"（希望您老人家辅导我达到目的，明明白白地教导我。）《梁惠王上》又记载梁惠王对孟子说："寡人愿安承教。"（我愿意耐心地接受您的教导。）"诲"的宾语可以是"民"，如《墨子·辞过》："是故圣王……诲于民，是以天下之民可得而治。"

那么，"教"和"诲"的差别在哪儿呢？《王力古汉语字典》说："两个词都有'教导'义，但有细微差别。'教'带强制性，'诲'重在启发、诱导。"这就是它们的差别。《子路》第 30 章："以不教民战，是谓弃之。"（用未经训练的人民去作战，这等于抛弃他们。）《宪问》第 7 章："爱之，能勿劳乎？忠焉，能勿诲乎？"（爱他，能不让他操劳吗？为他着想，能不教诲他吗？）还记得"弈秋诲二人弈"吗？诲，就是循循善诱。下棋是个脑力活，可不能像跑百米那样训练（教）的。

21. 恭、敬

《季氏》第 10 章："君子有九思：视思明，听思聪，色思温，貌思恭，言思忠，事思敬，疑思问，忿思难，见得思义。"这里既有"貌思恭"，又有"事思敬"，那"恭"和"敬"区别何在呢？唐代训诂家孔颖达在注《礼记》时总结说："在貌为'恭'，在心为'敬'。"也就是说，"恭"

注重的是外貌，"敬"注重的是内心。《王力古汉语字典》：
"恭：肃敬，有礼貌。""敬：恭敬，严肃，认真。"所以
这一章我们译为："君子有九处用心思：看要注意看清楚；
听要注意听明白；脸色要注意温和；容貌要注意端庄；言语
要注意忠实；工作要注意认真；有疑要注意请教；生气要注
意后患；有利可图，要注意该不该我得。"

　　下面几章都是"恭"和"敬"同时出现的，大家可以比
较一下。《公冶长》第16章："子谓子产：'有君子之道四焉：
其行己也恭，其事上也敬，其养民也惠，其使民也义。'"
（孔子评论子产："他合于君子之道的有四项：他用庄严恭
敬的外貌规范自己，他用负责认真的态度侍奉君上，他用恩
惠来教养人民，他用道义来管理人民。"）《颜渊》第5章：
"司马牛忧曰：'人皆有兄弟，我独亡！'子夏曰：'商闻
之矣：死生有命，富贵在天。君子敬而无失，与人恭而有礼。
四海之内，皆兄弟也，君子何患乎无兄弟也？'"（司马牛
忧伤地说："别人都有兄弟，唯独我没有。"子夏说："我
听说过：死生交给命运，富贵全凭老天。君子只管严肃认真，
没有过失，对他人谦恭有礼。普天之下，到处都是兄弟，君
子哪里用得着担心没有兄弟呢？"）《子路》第19章："樊
迟问仁。子曰：'居处恭，执事敬，与人忠。虽之夷狄，不
可弃也。'"（樊迟请教如何实践仁德。孔子说："日常起
居彬彬有礼，对待工作严肃认真，为人办事一心一意。就是

到夷狄那里去，这些也是不能废弃的。"）

22. 优

《子张》第13章："子夏曰：'仕而优则学，学而优则仕。'"这里两个"优"都不是"优胜""优秀"的意思，而是《王力古汉语字典》中"优"的第一个意义，即"丰，多，充裕"的意思。在这一章，子夏想表达的是：做官时，有馀力便学习；学习时，有馀力便做官。《宪问》中还有一处"优"也是这个意思："子曰：'孟公绰为赵、魏老则优，不可以为滕、薛大夫。'"（孔子说："孟公绰做赵氏、魏氏的家臣，还是绰绰有馀的，却不能够胜任滕国、薛国的大夫。"）

"优"由"丰、多、充裕"意义变化出"优胜""优秀"的意义时，大约已经到汉代以后了。《汉书·王贡两龚鲍传·赞》："王贡之材，优于龚鲍。"这里的"优于龚鲍"，似乎既可理解为王、贡两人的材器比龚、鲍两人的多，又可理解为比龚、鲍的优秀。

关注古今不同的语法现象

　　有人说，用不着学语法，中国古代没有语法，还不是能读懂古书？书读百遍其义自见嘛。这话并不都对。首先，只要是语言，都有语法，语法是语言三要素之一，没有哪种语言是没有语法的。中国古代所没有的，是成系统的语法学。一直到 1898 年，李鸿章的得力助手马建忠写了一部《文通》（一般称之为《马氏文通》），我国才有了成系统的语法学。旧时的塾师没学过语法，因此讲解古书只能讲解某句的大意，不能落实到每个字每个词，学生一问到细处，他就回答不了。"书读百遍其义自见"是一种学习的方法，有一定的合理性，但有时也是塾师的遁词。

　　语法，是语言组织结构的规律；语法学，是探索并描写语言组织结构规律的科学。不掌握一点古汉语组织结构的规律，要想精读古书是不可能的——这是容易体会的。读古书好比游泳，书读百遍，好比经常下水；学点语法，好比老师教授自由泳、蛙泳、蝶泳、仰泳各种动作。只有学好练好各种动作要领，并经常下水实践，才能游得快。只下水，不学动作要领，最后也只是个狗刨式，速度上不去；只学动作要领而不下水，很可能浮都浮不起来。读古书要落实到每个字每个词，把每句话意思讲得清清楚楚、明明白白，非学习语法不可。上世纪 40 年代初，针对某些人认为的不学语法也能读懂古书，学语法是"崇洋媚外"，杨树达先生说：

若谓非我国固有即不必为，请问论者，出外亦乘火车汽车否乎？家居亦用电灯电话否乎？夫时代进步，吾人之治学亦当后胜于前，不能固步自封。必如论者之说，则吾人今日应茹毛饮血否乎？

所以，要读好古书，学点语法是完全必要的。在本书第三讲，我们讲到"分布"，它就是语法学中的一个概念。

解决了要不要学，我们再来谈怎么学。如上文所述，我们学习《论语》以及其他上古汉语作品，最要紧的是学习语法中那些变化了因而古今不同，容易造成误解的部分。那些古今相同的部分，掌握起来比较容易。

古今相同的部分？我怎么没感觉到呢？有人可能会这样问。篇幅所限，咱们就举王力先生在《汉语史稿》中曾举过的例子。王先生说：

下面是《论语》里的两个例子：

子见南子，子路不说。（《雍也》）

子在齐闻《韶》，三月不知肉味。（《述而》）

这两句话的语音，当然变化很大了；在词汇方面，也有一些变化。例如现代汉语不说"说"（悦），而说"高兴"；不说"闻"，而说"听见"。至于"韶"这个名词，在现代汉语里已经根本用不着了。但是，从语法上说，可以说没有甚么变化；现代还是用同样的词序，同样的结构方式。

词序，现在常叫语序，是语法研究的一个重要方面。结构方式也是如此。子见南子，是主谓宾结构，也就是主语在前、主语后是谓语、宾语在谓语后面的语序。翻译成"孔子去见南子"，还是同样的语序，两千几百年都没有变化。

王先生又说：

汉语虚词也有相当大的稳固性。之、于、以、与、而、则、虽、若、如等字，直到今天，还在书面语言中通用着；有些在口语里还没有替身。例如"三分之一"的"之"，"为祖国语言的纯洁和健康而斗争"的"而"，这些都是口语和书面语一致的虚词，而它们正是数千年前传下来的。

　　虚词也是语法研究的一个重要方面。王力先生所举的那些虚词，在口语（也就是"大白话"）里可能不大说，在书面语（即"文绉绉的话"，例如某主持人说"几位村民正在进行午间进食"，用大白话说就是"几个老乡正在吃中饭"）里却是一抓一大把。

　　王先生所举的两点，都是现代汉语和古代汉语相同的方面。当然，这只是举例，实际上还不止这两点。比如说，上古汉语的词类，除了没有量词，其他词类划分上和现代汉语基本上是一致的。

　　下面我们就主要的方面说说以《论语》为代表的上古汉语中和现代汉语语法不同的语法现象。

　　语法分为句法和词法，我们也就采取这个顺序：先讲属于句法的判断句、宾语前置、介宾结构后置，再讲跟句法和词法都有关的量词和数量结构，然后讲属于词法的连词"而"和"与"的区别、兼类词和词类活用、"使""以""与"的宾语都常常不出现等等。

1. 判断句没有系词

　　句子，可以从不同角度给它分类。如果根据谓语是由什么组成的来给句子分类，可以分为三类：动词谓语句、形容词谓语句和名词谓语句。如果从句子的表达功能来给句子分类，可以分为叙述句（你快来）、描写句（你好可爱）、判断句（我是陶硕贤）。巧的是，在上古汉语中，前面的三类和后面的三类是一一对应的，就是叙述句一般是谓语动词句，描写句一般是形容词谓语句，判断句一般是名词谓语句。

《论语》以及其他上古汉语作品中，叙述句最多，如上文所举"子见南子，子路不说""子在齐闻《韶》，三月不知肉味"。描写句远没有叙述句多，如《八佾》第22章："管仲之器小哉！"（管仲的器量小得很哪！）《雍也》第11章："贤哉，回也！"（颜回多么有修养哪！）《述而》第38章："子温而厉，威而不猛，恭而安。"（孔子温和而严厉，有威仪却不凶猛，恭敬而安详。）《卫灵公》第4章："知德者鲜矣。"（了解"德"的人可少啦。）

判断句也没有叙述句多，《论语》直到第二篇《为政》才见到判断句："知之为知之，不知为不知，是知也。"（《为政》第17章）但这句有点特殊，我们到后面再说它。先说说以下几例：

女，器也。（《公冶长》第4章）

先进于礼乐，野人也；后进于礼乐，君子也。（《先进》第1章）

回也，非助我者也。（《先进》第4章）

乡原，德之贼也。（《阳货》第13章）

他人之贤者，丘陵也，犹可逾也；仲尼，日月也，无得而逾焉。（《子张》第24章）

　　这些都是上古汉语中典型的判断句。大家可以拿它们和现代汉语中的判断句比较一下，看看有哪些不同。其实，最大的不同是上古汉语没有系词"是"。

　　系词，就是联系动词。现代汉语的系词是"是"，英语的系词是"be"。上古汉语是没有系词的（有人说有系词，不靠谱），系词"是"是后来由代词"是"变化而来的。以前把判断句分为4种类型，什么有"者"有"也"型，什么无"者"无"也"型，什么只有"者"没有"也"型，什么没有"者"却有"也"型等等，把简单的弄复杂了。咱们不这么弄，你看《史记·陈涉世家》：

　　　　陈胜者，阳城人也。

　　首先，后一句是谓语，而"阳城人"是名词性的，所以说，上古汉语判断句是名词谓语句。其次，主语后有"者"，谓语后有"也"，如果去掉这两个家伙，依然是判断句："陈胜，阳城人。"（当你介绍自己时，常常会这样介绍自己："陶硕贤，湖南长沙人。"）当然，去掉俩家伙中的一个（不管是"者"还是"也"），仍然是判断句："陈胜者，阳城人。""陈胜，阳城人也。"可见，这俩家伙不是构成判断句的必备条件。"女，器也"就是没有"者"的判断句。

　　现代汉语里的否定副词是专门否定动词、形容词的，可是上古汉语的判断句既然是名词作谓语，那否定副词就不一定是非得否定动词、形容词的了。《先进》的"回也，非助我者也"，副词"非"否定的就是"助我者"这一名词性成分。

咱们现在说说像"知之为知之，不知为不知，是知也"这样的句子。《论语》中类似的还有："富与贵，是人之所欲也。""贫与贱，是人之所恶也。"（《里仁》第5章）"虎兕出于柙，龟玉毁于椟中，是谁之过与？"（《季氏》第1章）眼尖的人一下就看出来了：你不是说《论语》时代没有系词吗？这不分明有系词嘛！

不对！这里的"是"是个指示代词（近指代词），是用来"复指"前面的"知之为知之，不知为不知""富与贵""贫与贱"的。现代汉语指示代词，如"这"是近指代词，"那"是远指代词。复指，在外语和现代汉语中也常见，如莎士比亚那段名言和它的现代汉语译文："To be, or not to be, that is the question.""生存还是毁灭，这是个问题。"这两段中的"that""这"都是用来复指前面较长的主语（"To be, or not to be""生存还是毁灭"）的，也都是指示代词。又如"陶硕贤这人真好"，"这人"就是复指"陶硕贤"的，起强调作用（试比较"陶硕贤真好"）。

但是，这种复指的"是"，由于总是处在主语谓语的中间，久而久之，当它的复指功能因使用频率过高而逐渐"磨损"之后，它就渐渐变为系词。其时间，最早也不会早于战国末期。所以说，《论语》成书的战国初期，"是"依然是指示代词。

在"知之为知之，不知为不知，是知也"这几句中，"是"一边复指前面的"知之为知之，不知为不知"，一边和后面的"知也"构成一个类似"女，器也"的判断句。也就是说，"是知也"应理解为"是，知也"，它和"女，器也"一样，都是判断句。《微子》中有两个问句："是鲁孔丘与？""是鲁孔丘之徒与？"这里的"是"还是代词，这两句略等于："此鲁孔丘与？""此鲁孔丘之徒与？"（这是鲁国的孔丘吗？这是鲁国孔丘的学生吗？）

《微子》中还有一句"隐者也"也是判断句，因为根据上文可知道主语，主语就不必出现了。

判断句表示判断，现代汉语、古代汉语都是如此。所以"陈胜者，阳城人也"翻译成"陈胜是阳城人"一般不会错。但是，上古汉语的判断句不能百分之百都这样翻译。如《曹刿论战》"夫战，勇气也"不能译为"打仗，就是勇气"，而应译为"打仗，靠的是勇气"。对这种现象，我们称之为"判断句的活用"。

判断句最常见的活用，是采用判断句的形式来解释原因。如：

桓公九合诸侯，不以兵车，管仲之力也。（齐桓公多次召集诸侯盟会，却未动干戈，都是因为管仲的力量。）（《宪问》第 16 章）

又如：

孟尝君为相数十年，无纤介之祸者，冯谖之计也。（《冯谖客孟尝君》）

良庖岁更刀，割也；族庖月更刀，折也。（《庖丁解牛》）

2. 宾语前置

（1）第一种类型

咱们把宾语位于谓语动词之前的语法现象叫作"宾语前置"。例如《子罕》第 12 章，孔子病重时，子路组织学生给孔子操办丧事，规格过高，孔子病好后对此不满意，因而说："吾谁欺？欺天乎？"（我欺骗谁呢？欺骗老天爷吗？）前一句"吾谁欺"，"欺"的宾语"谁"在"欺"的前边。后一句"欺天乎"的"天"则在"欺"的后边。为什么不像一些书所写的那样，叫作"宾语提前"或者"倒装"呢？因为如果那样叫，就会使人产生这样的误会：本该作"吾欺谁"，因为某种原因把"谁"提前了。事实不是这样的，因为当时语言的正常语序就是"吾谁欺"。

《论语》中有没有"倒装"呢？有的。如《述而》第5章："甚矣吾衰也！久矣吾不复梦见周公！"（我衰老得好快呀！我都好长时间没有梦见周公了！）"甚矣吾衰也"是"吾衰也甚矣"的倒装，"久矣吾不复梦见周公"是"吾不复梦见周公久矣"的倒装，目的是加强语气。

"吾谁欺"这样的句子是宾语前置的第一种类型。它只要满足一个条件，就是这个宾语必须是疑问代词。什么是疑问代词呢？"谁""何""孰""焉"这样的就是疑问代词。它是代词，它代表一个我不知道因而带有疑问的人或事物。比如有人敲门，你会说："谁？"如果门外是你熟悉的人，他（她）会说："我。"谁，是疑问代词；我，是人称代词。

类似的还有《卫灵公》第25章："吾之于人也，谁毁谁誉？"（我对于别人，诋毁了谁？称赞了谁？）

《子张》第22章："卫公孙朝问于子贡曰：'仲尼焉学？'子贡曰：'文武之道，未坠于地，在人。贤者识其大者，不贤者识其小者。莫不有文武之道焉。夫子焉不学？而亦何常师之有？'"（卫国的公孙朝问子贡说："仲尼的学问来自哪里？"子贡说："文王武王的志业，并没有坠落于地，而是散在人间。贤人认识了它的大方向，一般人只认识些细微末节。哪里会没有文武之道呢？我的老师何处不学？他哪有什么固定的老师呢？"）这里的"焉学""焉不学"都是宾语前置。

《子张》第 24 章："叔孙武叔毁仲尼。子贡曰：'无以为也！仲尼不可毁也。他人之贤者，丘陵也，犹可逾也；仲尼，日月也，无得而逾焉。人虽欲自绝，其何伤于日月乎？多见其不知量也。'"（叔孙武叔毁谤仲尼。子贡说："不能这样做！仲尼是毁谤不了的。别人的贤能，是山丘，还可以逾越；仲尼是太阳和月亮，决不可逾越。某人即使要自绝于太阳月亮，能伤到太阳月亮一根毫毛吗？这显得他实在是不知轻重。"）"其何伤于日月乎"直译为"又伤害到了太阳月亮什么呢"，原文"何"在"伤"的前边，译文"什么"在"伤害"的后边。

正如人类是猿进化来的，因而带有一些猿的特征一样，由于介词是由动词变化来的，所以介词还带有一些动词的特征。疑问代词做动词的宾语要前置，做介词的宾语也要前置。《公冶长》第 15 章："子贡问曰：'孔文子何以谓之"文"也？'子曰：'敏而好学，不耻下问，是以谓之"文"也。'"（子贡问道："孔文子，凭什么给他'文'这个谥号呢？"孔子说："他聪敏灵活，爱好学问，还常请教地位较低的人，不以为耻，所以用'文'字做他的谥号。"）子贡是孔子的弟子。"孔文子何以谓之'文'也"中，"孔文子"是主语，"谓之'文'"是谓语，"何以"是介词"以"和它的宾语"何"组成的结构，"凭什么"的意思。

（2）第二种类型

我们先看例子。《学而》第2章："其为人也孝弟，而好犯上者，鲜矣；不好犯上，而好作乱者，未之有也。"（一个人的为人，既孝顺父母，又敬爱兄长，却喜欢冒犯上级，这种人是很少的；不喜欢冒犯上级，却喜欢造反，这种人从来没有过。）"未之有也"虽然不是"未有之也"的倒装，但可以这样理解，直译就是"从没有这样的人"。这里需要满足两个条件：一是代词做宾语，二是否定句。若两个条件只满足一个，宾语是不会前置的。例如《里仁》第6章："我未见好仁者，恶不仁者。好仁者，无以尚之；恶不仁者，其为仁矣，不使不仁者加乎其身。有能一日用其力于仁矣乎？我未见力不足者。盖有之矣，我未之见也。"（我没有见过爱好仁德的人和厌恶不仁德的人。爱好仁德的人，那是再好不过的了；厌恶不仁德的人，他行仁德只是不想沾染上不仁德的东西。有谁能在某日致力于仁德呢？我没见过力量不够的。大概还是有这样的人，我没有见到罢了。）这一章最后一句"我未之见也"满足了两个条件，所以"之"前置了。而"我未见好仁者""我未见力不足者"只满足了否定句一个条件，宾语"好仁者""力不足者"便不能前置。同样，"学而时习之"是代词做宾语，但不是否定句，"之"也就不能前置。

《学而》第16章："不患人之不己知，患不知人也。"

（我不担心别人不了解我，我担心自己不了解别人。）《里仁》第14章："不患无位，患所以立；不患莫己知，求为可知也。"（不发愁没有职位，只发愁没有安身立命的本领；不怕没有人了解自己，只追求可以让人了解自己的真本事。）《子路》第15章："言不可以若是其几也。人之言曰：'予无乐乎为君，唯其言而莫予违也。'如其善而莫之违也，不亦善乎？如不善而莫之违也，不几乎一言而丧邦乎？"（说话不可以像这样地不留余地。不过，有道是："我并不乐于当君主，好就好在说什么话也没人违抗我。"如果说话正确而没人违抗他，不也好吗？如果说话不正确却没人违抗他，不近于一句话便丧失国家吗？）"不患人之不己知""不患莫己知""莫予违""莫之违"都属于宾语前置的第二种类型。

满足了两个条件，宾语就一定前置吗？那也未见得。《左传·襄公二十六年》："夫不恶女（汝）乎？"（他不讨厌你吗？——沈玉成《左传译文》）《襄公二十八年》："有事而不告我，必不捷矣。"（有事情而不告诉我，必然不能成功。——沈玉成《左传译文》）《管子·封禅》："九合诸侯，一匡天下，诸侯莫违我。"（多次纠集诸侯而使天下得以匡正，诸侯中没有敢违抗我的。）

再看以下两例。《诗经·王风·黍离》："不知我者，谓我何求？"（不知道我的人，怪道我什么要求。——陈子展《诗经直解》）《诗经·魏风·园有桃》："不我知者，谓我士也骄。"（不知道我的人，怪道我："先生呀，你自骄！"——陈子展《诗经直解》）一句是"不知我者"，"我"并没有前置；一句是"不我知者"，"我"前置了。可见，宾语前置的第二种类型没有第一种类型那样严格齐整。

（3）第三种类型

这一类型，其实在咱们讲判断句时已经涉及了，就是"用代词复指的宾语前置"。"知之为知之，不知为不知，是知也"的"是"，是复指前面的主语。咱们在讲这个时，还举了"陶硕贤这人真好"的例子，"这人"就是复指"陶硕贤"的。又如："佛跳墙，这个好吃！"当然，"陶硕贤"和"佛跳墙"也是主语。

"用代词复指的宾语前置"，在《论语》里主要指"是"和"之"两个代词，它们和"陶硕贤这人真好"的"这"一样，都是指示代词。"是"是指示代词，咱们讲判断句时已经说了；"之"是指示代词，有人可能还真没听说过。《诗经·周南·桃夭》："之子于归，宜其室家。"（这个女子出嫁，适宜于她的室家。——陈子展《诗经直解》）《邶风·燕燕》："之子于归，远送于野。"（这个人儿归去，远远地送往郊野。——陈子展《诗经直解》）《庄子·逍遥游》："之二虫又何知？"（这两只虫鸟又哪里知道呢？——陈鼓应《庄子今注今译》）"之人也，之德也，将旁礴万物以为一。"（那个神人，他的德量，广被万物合为一体。——

陈鼓应《庄子今注今译》）我们看"之"的译文，5处中有4处是用指示代词"这""那"来译的，最后一例"之德也"译为"那个德量"也完全没有问题。

《论语》里用"是"复指的宾语前置：《先进》第21章："子曰：'论笃是与，君子者乎？色庄者乎？'"（孔子说："总是推许言论笃实的人，是君子一类的人呢？还是仅仅表情上庄重的人呢？"）如不前置，"论笃是与"就是"与论笃"，直译就是"推许言论笃实的人"。

《尧曰》第1章："周有大赉，善人是富。"（周朝大举封赏天下，要使善人都富起来。）如不前置，就是"富善人"，使善人富起来，"富"是使动用法。

《论语》里用"之"复指的宾语前置：《为政》第6章："孟武伯问孝。子曰：'父母唯其疾之忧。'"（孟武伯向孔子请教孝道。孔子说："父母有病，孝子总是担忧。"）如不复指，"唯其疾之忧"就是"唯忧其疾"。

《公冶长》第6章："子使漆雕开仕。对曰：'吾斯之未能信。'子说。"（孔子叫漆雕开去做官。他答道："我对此还不自信。"孔子听了很高兴。）如不复指，"吾斯之未能信"就是"吾未能信斯"，"斯"也是代词。

《阳货》第16章："古者民有三疾，今也或是之亡也。"（古代的人民有三种毛病，现在呢，或许连这些都没有了。）如不前置，"是之亡"就是"亡是"。亡，通"无"，无是，没有这个。《述而》第 28 章："盖有不知而作之者，我无是也。"（大概有无知却喜欢造作的人，我没有这种毛病。）

　　用来复指的代词"是"和"之"，有的书管它们叫"结构助词"。在结构助词的帮助下，句子改变了结构：宾语从后面到前面去了。但是，用整体的、系统的眼光看问题，这里的"是"和"之"并没有改变什么，它们依然起代词的作用，因为代词的功能之一就是用来复指。既然"陶硕贤这人真好"的"这"是代词，为什么要说"父母唯其疾之忧"的"之"是结构助词呢？

3. 介宾结构后置

　　介词加上它的宾语，就是介宾结构。有些介宾结构在《论语》为代表的上古汉语中常常在动词的后边，译为现代汉语后，介宾结构却到动词的前边去了。哪些介宾结构是这样的呢？答案是介词"以""于""乎"和它们的宾语。例如：

　　《为政》第 3 章："道之以政，齐之以刑，民免而无耻。道之以德，齐之以礼，有耻且格。"（用政令引导他们，用刑罚整顿他们，人民只是免于罪过，却没有廉耻之心。若用道德引导他们，用礼教整顿他们，人民不但有廉耻之心，而且人心归服。）你们看，"以政"在"道"（导）的后面，译成现代汉语"用政令"后，蹦到"引导"的前边去了。"以刑""以礼"也是这样。

　　《为政》第 5 章："生，事之以礼；死，葬之以礼，祭之以礼。"（父母健在，依礼侍奉他们；死了，依礼安葬他们，祭祀他们。）"以礼"的译文"依礼"同样蹦到动词前边去了。

《八佾》第1章："八佾舞于庭，是可忍也，孰不可忍也？"（他用六十四人在庭院中奏乐舞蹈，如果这都能够被容忍，还有什么事不能容忍？）这章原文的"于庭"在"舞"后边，而译文的"在庭院中"蹦到"奏乐舞蹈"前边去了。

《子张》第23章："叔孙武叔语大夫于朝，曰：'子贡贤于仲尼。'"（叔孙武叔在朝堂之上对众官员说："子贡比仲尼还要强些。"）"于仲尼"原文在"贤"后边，译文"比仲尼"蹦到"强"的前边去了。"于朝"也类似。

《先进》第26章："子曰：'以吾一日长乎尔，毋吾以也。'"（孔子说："不要因为我比你们年长一点，就拘谨约束。"）原文"乎尔"在"长"的后边，译文"比你们"到了"年长"前边。"'点！尔何如？'鼓瑟希，铿尔，舍瑟而作，对曰：'异乎三子者之撰。'"（"曾点！你怎么样？"曾皙鼓瑟正近尾声，铿锵一声，把瑟放下，站起来回答说："我的志向和他们三位说的有所不同。"）原文"乎三子者"在"异"后边，译文"和他们三位说的"在"不同"前边。

上文谈到"宾语前置"第二种类型时说它并不十分严格，介宾结构后置更是如此，例外更多。例如《学而》第1章："有朋自远方来，不亦乐乎？"（朋友从远方来，不是很快乐吗？）《雍也》第 10 章："伯牛有疾，子问之，自牖执其手。"（伯牛生了病，孔子去探问他，从窗户里握着他的手。）《述而》第 16 章："不义而富且贵，于我如浮云。"（干不正当的事得来的富贵，对我来说如同浮云。）原文的"自远方来"和译文的"从远方来"，原文的"自牖"和译文的"从窗户里"，原文的"于我"和译文的"对我来说"，都在动词的前边。

4. 上古汉语没有量词

量词分为名量词和动量词。现代汉语中常见的名量词有"个""只""件""张""根""条"等，它们前面往往是数词，后面往往是名词，所以叫作"名量词"。如"两个人""三只鸡""一件事情""五张纸""四根油条"等。各地方言的量词用法往往和普通话不同，如上海话、长沙话"人"也可以用"只"。如用长沙话轻微地埋怨别人："咯只人就有味哪！"

现代汉语常见的动量词有"次""回""遍""趟""下""顿"等，它们前面也往往是数词，但这个"数词 + 量词"的结构往往在动词后面，如"讨论两次""商量一回""看了三遍""回去一趟""打一下""吃一顿"等。所以这些词叫作"动量词"。

可是以《论语》为代表的上古汉语是没有量词的。好学深思者可能会提出异议：《雍也》第 4 章："子华使于齐，冉子为其母请粟。子曰：'与之釜。'请益。曰：'与之庾。'冉子与之粟五秉。"（公西华出使于齐国，冉有替他母亲请求发给小米。孔子说："给他一釜。"冉有请求增加。孔子说："再给他一庾。"冉有却给了他五秉。）"一釜""一庾""五秉"的"釜""庾""秉"不是量词又是什么呢？

这几个不是量词，而是单位名词，是表示容量单位的名词。英语 a glass of beer 和 a cup of tea 中的 glass 和 cup 是量词吗？英语是没有量词的。世界上的语言，有量词的是少数，没有量词的是多数，但好多没有量词的语言都有单位名词，例如英语。glass 和 cup 是表示容量单位的单位名词。除了表示容量单位的单位名词外，还有表示集体单位的单位名词。《季氏》第 12 章："齐景公有马千驷，死之日，民无德而称焉。"（齐景公有马四千匹，死了以后，老百姓没有谁称颂他。）一驷，就是四匹马，"驷"也是单位名词。

我们再来看个例子。在《孟子·梁惠王上》中，齐宣王说："齐国虽褊小，吾何爱一牛？"（齐国虽狭小，我又何至于舍不得一头牛？）从原文和译文中，大家看出区别了吗？原文是"一牛"，译文是"一头牛"——原文没有量词"头"，而译文有它。

《为政》第 2 章："《诗》三百，一言以蔽之，曰：'思无邪。'"（《诗经》三百篇，用一句话来概括它，就是"想要归于纯正"。）原文的"一言"，在译文中成了"一句话"，用了量词"句"。

《季氏》第1章："夫子欲之，吾二臣者皆不欲也。"（季孙他老人家要这样干，我们两个臣子都是不愿意的。）原文的"二臣"，在译文中成了"两个臣子"，用了量词"个"。

《微子》第10章："无求备于一人！"（不要求全责备于某一个人！）原文的"一人"，在译文中成了"一个人"，用了量词"个"。

《庄子·逍遥游》："故夫知效一官，行比一乡，德合一君，而征一国者，其自视也亦若此矣。""一官"现在说"一个官位"，"一乡"现在说"一个乡村"，"一君"现在说"一位君主"，"一国"现在说"一个国家"，都必须有量词。反过来说，《论语》和《庄子》成书的时期，是没有量词的。

大家可能会问：你刚才说的可是名量词，那动量词呢？咱们一定都知道"三顾茅庐"的成语和故事。成语是古代流传下来的，具有古代汉语的特征。这个成语来自西晋成书的《三国志》："先帝不以臣卑鄙，猥自枉屈，三顾臣于草庐之中。"顾，是访问的意思；三顾茅庐，今译就是"三次访问我的草庐"或"访问我的草庐三次"。大家注意，说"三访问我的草庐"或"访问我的草庐三"都不通顺，必须要有量词"次""回"等。反过来说，晋代及晋代以前既然说"三顾臣于草庐之中"而不能说"三次顾臣于草庐之中"，可见那时没有动量词。

5. 连词"而"和"与"

"而"是用来连接形容词、动词或动词短语的（这些都叫谓词性结构），表示两种性质或两种行为之间的联系。如："敏于事而慎于言。"（《学而》第14章）"子温而厉，威而不猛，恭而安。"（《述而》第38章）这两例的"而"是连接两种性质的。"温故而知新，可以为师矣。"（《为政》第11章）"学而不思，则罔；思而不学，则殆。"（《为政》第15章）这两例的"而"是连接两种行为的。

和连词"而"互相补充，连词"与"则主要连接名词、名词短语和代词（这些都叫体词性结构），表示两种事物之间的联系。如："富与贵，是人之所欲也。""贫与贱，是人之所恶也。"（《里仁》第5章）"女与回也孰愈？""吾与女弗如也。"（《公冶长》第9章）这种"互补"，或者叫"一个萝卜一个坑"，正体现了语言的系统性。

明白了"而"和"与"一个连接谓词性结构，另一个连接体词性结构，就可以纠正古人弄错了的地方。

例如《八佾》第3章："人而不仁，如礼何？人而不仁，如乐何？"清代一位大师说这里两个"而"都应该读作"如"，是"如果"的意思。杨伯峻先生没有采纳这种说法，他译为："做了人，却不仁，怎样来对待礼仪制度呢？做了人，却不仁，怎样来对待音乐呢？"他之所以把"人"译成"做了人"，其实是将"人"看作名词活用为动词，"而"连接的依然是谓词性结构。如果我们仔细考察一下，发现这样的活用其实还有几处，例如《为政》第22章："人而无信，不知其可也。"杨伯峻先生译为："作为一个人，却不讲信誉，不知那怎么可以。"《八佾》第22章："管氏而知礼，孰不知礼？"我们译为："像管仲那样的人都算懂得礼仪，那还有谁不懂得礼仪？"《宪问》第2章："士而怀居，不足以为士矣。"我们译为："作为一个士人，却留恋安居，便不配做士人了。"

又如《雍也》第16章："不有祝鮀之佞，而有宋朝之美，难乎免于今之世矣。"清朝有位大师解释道："而，犹'与'也……言有祝鮀之佞与有宋朝之美也。"我们已经知道，"与"是连接体词性结构的，"有祝鮀之佞""有宋朝之美"却都是谓词性结构，所以这里的"而"当然不能读为或理解为"与"，所以杨伯峻先生译为："假使没有祝鮀的口才，而仅有宋朝的美丽，在今天的社会里怕不易避免祸害了。"

"而"有所谓"顺接""逆接"的说法。如："任重而道远。"（《泰伯》第7章）"远人不服而不能来也，邦分崩离析而不能守也。"（《季氏》第1章）前者就是所谓"顺接"，后者就是所谓"逆接"。顺接，是指"而"前后的两项意义有些类似，或有密切联系，中间没有转折。逆接，是指"而"前后的两项意义相反，或者不相协调，中间有转折。但是，顺接也好，逆接也罢，都跟"而"本身没有关系，它取决于前后连接的成分本身的意义；也就是说，并不是"而"有顺接、逆接两种功能、两种用法，它只是连接两个谓词性结构。

6. 关于兼类词和词类活用

"使动""意动"我们已经学过了，只是"词类活用"和"兼类"的区别经常闹不清楚。这么说吧，班长兼学习委员，这叫兼类；学习委员因病请假，班长临时兼着学习委员，这叫词类活用。

我们常说"德才兼备"，咱们给词分类主要看它的"才"。它经常做主语、宾语、定语，我们叫它名词；它经常做叙述句谓语，我们叫它动词；它经常做定语、状语和描写句谓语，我们便叫它形容词。

如果某词常做主语或宾语，又常做叙述句谓语，我们便说它是名词动词兼类词。比如"耻"。"道之以政，齐之以刑，民免而无耻。道之以德，齐之以礼，有耻且格。"（用政法来诱导他们，使用刑罚来整顿他们，人民只是暂时地免于罪过，却没有廉耻之心。如果用道德来诱导他们，使用礼教来整顿他们，人民不但有廉耻之心，而且人心归服。——杨译）（《为政》第3章）"敏而好学，不耻下问，是以谓之'文'也。"（他聪敏灵活，爱好学问，又谦虚下问，不以为耻，所以用'文'字做他的谥号。——杨译）（《公冶长》第15章）前一句的"耻"是名词，后一句的"耻"是动词。

又如"乐"。"有朋自远方来，不亦乐乎？"（朋友从远方来，不是很快乐吗？）（《学而》第1章）"贤哉回也！一箪食，一瓢饮，在陋巷，人不堪其忧，回也不改其乐。"（颜回多么有修养呀！一竹筐饭，一瓜瓢水，住在小巷子里，别人都受不了那穷苦的忧愁，颜回却不改变他自有的快乐。——杨译）（《雍也》第11章）前一例的"乐"是动词，后一例的"乐"是名词。

"耻"和"乐"的这两种用法都很常见，所以才叫它兼类词。注意，我们用"常做""又常做"的表述，如果一种用法很常见，另一种较为罕见，就不是"兼类"而是"活用"了。我们还可以注意一下，两种用法的"耻"和"乐"，其意义具有"同一性"。如果不具备这一条件，也不能叫兼类词。

"耻"和"乐"是兼类词，没有问题；但"拿把锁把门锁上"的两个"锁"，是否是兼类词，就有争议了。前一个"锁"做宾语，是名词；后一个"锁"做叙述句谓语，是动词。如果把前后两个"锁"看成一个词，它就是兼类词了。问题是，它是否具有同一性？这是"同一性"的尺度到底放多宽的问题，初学者了解一下就行了。

明白了兼类词，理解词类活用就比较容易了。词类活用的定义是："在古代汉语里，某些词可以按照一定的语言习惯灵活运用，在句中临时改变它的语法功能。"注意"临时"

两个字。例如："子谓公冶长：'可妻也。虽在缧绁之中，非其罪也！'以其子妻之。"（孔子说公冶长："可以把女儿嫁给他。他虽然曾被关在监狱之中，但不是他的罪过。"便把自己的女儿嫁给他。——杨译）（《公冶长》第 1 章）"子谓南容：'邦有道，不废；邦无道，免于刑戮。'以其兄之子妻之。"（孔子说南容："国家政治清明，〔总有官做，〕不被废弃；国家政治黑暗，也不致被刑罚。"于是把自己的侄女嫁给他。——杨译）（《公冶长》第 2 章）"饭疏食，饮水，曲肱而枕之，乐亦在其中矣。不义而富且贵，于我如浮云。"（吃粗粮，喝冷水，弯着胳膊做枕头，也有着乐趣。干不正当的事而得来的富贵，我看来好像浮云。——杨译）（《述而》第 16 章）"齐景公问政于孔子。孔子对曰：'君君，臣臣，父父，子子。'公曰：'善哉！信如君不君，臣不臣，父不父，子不子，虽有粟，吾得而食诸？'"（齐景公向孔子问政治。孔子答道："君要像个君，臣要像个臣，父亲要像父亲，儿子要像儿子。"景公道："对呀！若是君不像君，臣不像臣，父不像父，子不像子，即使粮食很多，我能吃得着吗？"——杨译）（《颜渊》第 11 章）"夫子之不可及也，犹天之不可阶而升也。"（他老人家的不可以赶得上，犹如青天的不可以用阶梯爬上去。——杨译）（《子张》第 25 章）

上面各例中的"妻之""枕之"的"妻""枕"，"君君，臣臣，父父，子子""君不君，臣不臣，父不父，子不子"的各一"君""臣""父""子"，以及"天之不可阶而升"的"阶"，历来都被视为"活用"。因为一般认为，它们常常做主语、宾语、定语等，在上面各例中却"临时"做起了叙述句谓语，不是"活用"是什么？不是好比学习委员暂时来不了，班长暂时代理他的职位吗？

但如果某个同学大学时是班长，就说他一贯是班长，包括小学时期，这样恐怕不对吧？例如"树"："五亩之宅，树之以桑，五十者可以衣帛矣。"（在五亩大的宅园中，种植桑树，那么，五十岁以上的人都可以穿上丝绵袄了。——杨译）（《孟子·梁惠王上》）"后稷教民稼穑，树艺五谷。"（后稷教导百姓种庄稼，栽培谷物。——杨译）（《滕文公上》）从译文中，我们可以看出这两句的"树"是"种植""栽种"的意思，那么，"树"本来是名词，这里是"词类活用"吗？不对！因为，调查《论语》《孟子》时期的语言，"树"用作"种植""栽种"的书证很多。进而，它变化出了"树立"的意义："邦君树塞门，管氏亦树塞门。"（国君宫殿门前立了一个塞门，管氏也立了个塞门。——杨译）（《八佾》第22章）

当然，"树"也有一些用作"树木"意义的，如《左传·昭公二年》："有嘉树焉，宣子誉之。"（有一棵好树，韩宣子赞美它。——沈玉成译）所以，最多可以说"树"是兼类词，不能说它是名词活用作动词。类似"树"的还有"艺"："求也艺，于从政乎何有？"（冉求多才多艺，让他治理政事有什么困难呢？——杨译）（《雍也》第8章）"吾不试，故艺。"（我不曾被国家所用，所以学得一些技艺。——杨译）（《子罕》第7章）"艺"的这一用法也常见，所以也不算是词类活用。

因为调查了，才能得出这样的结论。所以，应该还有一些目前算作词类活用的词，在将来经过统计后，就不一定是了。比如东、西、南、北、上、下、左、右、先、后等方位名词，做叙述句谓语时，常常被说成是名词活用作动词。可是它们做叙述句谓语是那样普遍，总说它们是"活用"也恐怕不妥。如："雍也，可使南面。"（冉雍这个人，有能力君临天下。南面，面朝南方，也就是君临天下的意思。南，做状语）（《雍也》第1章）"疾，君视之，东首，加朝服，拖绅。"（孔子病了，国君来看望，他便头顶朝东，把朝服盖在身上，拖着大带。东，做叙述句谓语；首，做宾语）（《乡党》第18章）"子曰：'先之劳之。'"（孔子说："先给百姓做榜样，然后役使他们。"先，做叙述句谓语）（《子路》第1章）"秦师遂东。"（秦国军队就出发东进。——沈玉成译）（《左传·僖公三十二年》）"我决起而飞，抢榆枋，时则不至而控于地而已矣，奚以之九万里而南为？"（我尽全力而飞，碰到榆树和檀树就停下来，有时飞不上去

就投落地面就是了，何必要飞九万里而往南海去呢？——陈鼓应译）（《庄子·内篇·逍遥游》）

7. "使""以""与"的宾语常常不出现

在以《论语》为代表的上古汉语中，动词"使"和介词"以""与"的宾语常常不出现。明白了这一点，对我们读懂《论语》是有好处的。

（1）"使"是所谓使令动词，"使……怎样""让……怎样"的意思。例如："使民敬，忠以劝，如之何？"（要使人民严肃认真，尽心竭力和互相勉励，应该怎么办呢？——杨译）（《为政》第20章）"使民战栗。"（使人民战战栗栗。——杨译）（《八佾》第21章）"子使漆雕开仕。"（孔子叫漆雕开去做官。——杨译）（《公冶长》第6章）

下面这些例子中"使"的宾语没有出现："由也，千乘之国，可使治其赋也……求也，千室之邑，百乘之家，可使为之宰也……赤也，束带立于朝，可使与宾客言也。"（仲由啦，如果有一千辆兵车的国家，可以叫他负责兵役和军政的工作……求啦，千户人口的私邑，可以叫他当县长；百辆兵车的大夫封地，可以叫他当总管……赤啦，穿着礼服，立于朝廷之中，可以叫他接待外宾，办理交涉。——杨译）（《公冶长》第8章）"雍也，可使南面。"（冉雍这个人，可以让他君临天下。）（《雍也》第1章）"仲由可使从政也与？……赐也可使从政也与？……求也可使从政也与？"
（仲由这人，可以使用他治理政事么？……端木赐可以使
用他治理政事么？……冉求可以使用他治理政事么？——杨
译）（《雍也》第 8 章）"民可使由之，不可使知之。"（老
百姓，不难让他们顺着我们的道路走下去，难以让他们明白
那是为什么。）（《泰伯》第 9 章）

对照一下译文，就可知道上面各例中的"使"，它的宾
语没有出现，我们可以理解为"使"后没有出现一个"之"
字。但这是有条件的。我们发现，上面这些例子都是兼语
句，也就是某一成分既是前一谓语的宾语，又是后一谓语的
主语。"使"没出现的宾语，正是既当宾语，又当主语。

（2）"以"是个介词，如："知和而和，不以礼节之，
亦不可行也。"（为了和谐而和谐，不用礼仪制度来节制，
也是行不通的。）（《学而》第 12 章）"天将以夫子为木
铎。"（上天会要把他老人家做人民的导师哩。——杨译）
（《八佾》第 24 章）"三以天下让，民无得而称焉。"（多
次把天下让给季历，但老百姓〔却因不知道这事而〕没有称
颂他。）（《泰伯》第 1 章）

"以"的宾语常常也不出现。如："行有馀力，则以学
文。"（这样躬行实践之后，有剩馀力量，再用它去学习文
献。）（《学而》第 6 章）"温故而知新，可以为师矣。"
（在温习旧知识时，能有新体会、新发现，就能够凭这些做

老师了。）（《为政》第 11 章）"父母之年，不可不知也。一则以喜，一则以惧。"（父母的年岁不能不牢记。一方面为他们高寿而高兴，一方面为他们高寿而恐惧有所不测。）（《里仁》第 21 章）"旧令尹之政，必以告新令尹。"（自己的一切政令，一定把它全部告诉接位的人。）（《公冶长》第 19 章）"原思为之宰，与之粟九百，辞。子曰：'毋！以与尔邻里乡党乎！'"（原思在孔子家当总管，孔子给他小米九百斗，他不接受。孔子说："别推辞！有多的，把它送给你那四邻八村的乡亲们吧！"）（《雍也》第 5 章）"狐貉之厚以居……羔裘玄冠不以吊。"（穿厚狐貉皮裘，用它来在冬天家居时接待宾客……紫羔裘和黑礼帽都不用它来穿戴着去吊丧。）（《乡党》第 6 章）

　　上面各例中的"以"，它的宾语没有出现，我们也可以理解为"以"后没有出现一个"之"字。但是我们如果仔细体察一下上面的句子，就不难发现，"以"后面没有出现的"之"所指的事物，都在前文出现过。这大约也可算是"以"后的"之"不出现的一个条件吧。

　　另外，像"温故而知新，可以为师矣"中的"可以"，如果把它理解为和现代汉语中"可以"一样的意义，就是"能够"的意思，也能说得通；但"说得通"并不意味着正确（按以前教人读古书的学问"训诂学"的标准，只要放到很多句子里都"说得通"，就算正确了）。不过，现代汉语中的"可以"正是由上古汉语中的"可以"发展来的。

"以"还有一个较为特殊的地方，在这里顺便说一下，就是它的宾语经常前置。如："《诗》三百，一言以蔽之，曰：'思无邪。'"（《诗经》三百篇，用一句话来概括它，就是"思想纯正"。——杨译）（《为政》第2章）"参乎！吾道一以贯之。"（参呀！我的学说贯穿着一个基本观念。——杨译）（《里仁》第15章）

"以"的宾语前置和"以"的宾语不出现，有时似乎很难分清楚，如"狐貉之厚以居"，但一般还是可以分清楚的。前置的宾语较短，而且紧挨着"以"——读起来没有停顿，也不像"行有馀力，则以学文""旧令尹之政，必以告新令尹""羔裘玄冠不以吊"那样中间还隔着个"则""必""不"什么的。

由于"以"的宾语常不出现，常常前置，久而久之，"以"就变化成了一个类似"而"的连词。也就是说，"以"在那时，既是介词，又是连词。如："使民敬，忠以劝，如之何？"（要使人民严肃认真，尽心竭力和互相勉励，应该怎么办呢？——杨译）（《为政》第20章）"加我数年，五十以学《易》，可以无大过矣。"（让我多活几年，到五十岁时候去学习《易经》，便可以没有大过错了。——杨译）（《述而》第17章）"其为人也，发愤忘食，乐以忘忧，不知老之将至云尔。"（他的为人，用功便忘记吃饭，快乐便忘记

忧愁，不晓得衰老会要到来，如此罢了。——杨译）（《述而》第 19 章）

（3）"与"也是个介词。如："与朋友交而不信乎？"（同朋友往来是否诚实呢？——杨译）（《学而》第 4 章）"吾与回言终日，不违，如愚。"（我整天和颜回讲学，他从不提反对意见和疑问，像个蠢人。）（《为政》第 9 章）

"与"的宾语也常常不出现，我们也可以理解为"与"后没有出现一个"之"字。如："赐也，始可与言《诗》已矣，告诸往而知来者。"（赐呀，现在可以同你讨论《诗经》了，告诉你一件，你能有所发挥，举一反三了。——杨译）（《学而》第 15 章）"起予者商也！始可与言《诗》已矣。"（卜商呀，你真是能启发我的人！现在可以同你讨论《诗经》了。——杨译）（《八佾》第 8 章）"士志于道，而耻恶衣恶食者，未足与议也。"（读书人有志于真理，但又以自己吃粗粮穿破衣为耻辱，这种人，不值得同他商议了。——杨译）（《里仁》第 9 章）"互乡难与言，童子见，门人惑。"（互乡这地方的人难以和他们交谈，一个少年得到孔子的接见，弟子们疑惑。）（《述而》第 29 章）"可与共学，未可与适道；可与适道，未可与立；可与立，未可与权。"（可以同他一道学习的人，未必可以同他一道取得某种成就；可以同他一道取得某种成就的人，未必可以同他一道事事依礼而行；可以同他一道事事依礼而行的人，未必可以同他一道通权达变。——杨译）（《子罕》第 30 章）"可与言而不与之言，失人；不可与言而与之言，失言。"（可以跟他说，却不跟他说，这会错失人才；不可以跟他说，却去跟他说，这是说错了话。）（《卫灵公》第 8 章）"鸟兽不可与同群。"（飞禽走兽，我们不可以和它们合群共处。）（《微子》第 6 章）"堂堂乎张也，难与并为仁矣。"（子张的为人高不可攀了，难以和他一道携带别人进入仁德。）（《子张》第 16 章）

我们看"可与言而不与之言，失人；不可与言而与之言，失言"，既有"与言"，又有"与之言"，那"与言"中间的一个"之"没有出现，便是很明显的了。

"与"的宾语"之"不出现的条件，一般也是"之"所指代的事物在前文已经出现过了。但"可与言而不与之言，失人；不可与言而与之言，失言"例外，这里没有出现的"之"不是在前文出现过，而是在后文出现了。

王引之《经传释词》（一本解释古汉语虚词的名著）说《阳货》的"鄙夫可与事君也与哉"中的"可与"，相当于"可以"。我们上文说过，上古汉语的"可以"相当于"可以之"，"之"也没有出现。如果王引之所说的"可以"，指的是上古汉语的"可以"，那他说的不算错。但我们细读他的解说后认为，似乎他的所谓"可以"相当于我们现在说的"能够"，这就不对了。这句杨伯峻先生译为："鄙夫，难道能同他共事吗？"杨译是对的，这例其实是"与"后面的"之"没有出现。

第五讲

尝试简单考证，反转某些『定论』
——《论语》疑难词句考证二十则

魔术师手中的一只小猫，瞬间就"变"成了一只鹦鹉。在这一部分，我们要讲的，有些就是一些似乎已经成为定论的东西，我们把它反转了，例如第15例"小不忍则乱大谋"。但魔术并非是真实的，猫不可能变成鹦鹉；而我们这里反转的东西，是经过认真考证因而是确切可信的。在本书第三讲，我们介绍了我们所认可的考证以《论语》为代表的上古汉语疑难词句的正确方法和错误做法。但学游泳，总得跳下水去扑腾一番；学了方法，也必须实践一番，方法才能运用自如、得心应手。本讲提供的20例全部选自作者的另一部著作《论语新注新译》，目的是给大家提供实践的样板；大家若没有实践的意愿，这一部分也可供选取《论语》注本做参考。

需要说明的是，在《论语新注新译》中，共有160多例"考证"，我们这里选取的，绝大多数是篇幅较短而且不太复杂的。本着循序渐进的原则，最末一例较长，但其中的道理也不难弄明白。

为了通俗易懂，我们给例句添加了译文。为了客观公正，我们尽量选取其他学者的译文。下面两种情况，译文是著者自己写的：1.当我们认为其他学者的译文并不妥当时；2.当有些古籍著者手头没有较好的译文可以选取时。其他学者的译文，首次出现时标注作者和书名，以后均用简称，如沈玉成《左传译文》简称"沈译"。

《论语》原文，注明章节。但必须说明，有的章并非全文录入，这样的章在原文之后都注明了。

为了大家能将理论与实践结合起来，也为了能更深入地理解每一例"考证"的特点，并且提出一些注意事项，我们在每一例后面增加了一段"点评"，希望对大家有所帮助。

一、《学而》第 7 章

子夏曰："贤贤易色；事父母，能竭其力；事君，能致其身；与朋友交，言而有信。虽曰未学，吾必谓之学矣。"

【译文】子夏说："尊敬贤者，轻视美色；侍奉爹娘，能尽全力；侍奉君上，能够献身；和朋友相交，说话一定诚实守信。这种人，即便没有系统学习过，我一定说他已经学过了。"

【考证】贤贤易色

尊贤轻色。第一个"贤"是形容词的意动用法，"尊敬"的意思，第二个"贤"指贤人。

但"易色"有不同解释。汉代孔安国说："言以好色之心好贤则善。"（说的是，用好色的心来换喜爱贤人，这样就好了。）孔安国以"好贤"解释"贤贤"，是对的；但解"易"为"交换"就不对了。因为，《论语》时代的语言中，表达"用……交换……"，大多是"以……易……"的格式，偶尔也会是"易之以……"或"与……易……"格式。总之，必须与介宾结构（就是介词加上它的宾语）一起出现。

例如《左传·僖公三十年》："以乱易整，不武。吾其还也。"（用动乱代替整齐，这是不武。我还是回去吧。——沈玉成《左传译文》，下文简称"沈译"）《孟子·梁惠王上》："何可废也？以羊易之。"（怎么可以废除呢？用只羊来代替吧。——杨伯峻先生《孟子译注》，下文简称"杨译"）《左传·成公二年》："逢丑父与公易位。"（逢丑父和齐侯趁机互换位置。——沈译）

因此，如果像孔安国所说的"以好色之心好贤"，就应该是"以贤贤易色"，所以，本章的"易"是"轻视"的意思（"轻视"意义可以看作"轻易"意义的意动用法的固定化）。"易"表"轻视"的句子还有《左传·襄公四年》："戎狄荐居，贵货易土，土可贾焉。"（戎狄逐水草而居，重财货而轻土地，他们的土地可以收买。——沈译）《襄公十一年》："秦、晋战于栎，晋师败绩，易秦故也。"（秦国和晋国在栎地作战，晋军大败，这是由于轻视秦国的缘故。——沈译）《襄公十三年》："吴乘我丧，谓我不能师也，必易我而不戒。"（吴国趁我们有丧事，认为我们是不能出兵的，必然轻视我们而不加戒备。——沈译）

"贤贤易色"和"贵货易土"格式正好相同，是两个谓宾结构组成的联合结构。这一意义的"易"也可用意义较为抽象的名词作宾语，说明"易"带"色"这样的宾语是可以的。如《孟子·离娄上》："人之易其言也，无责耳矣。"（人把什么话都轻易地说出口，那便不足责备了。——杨译）所以，解"易色"为"轻视色"，是没有问题的。

【点评】这例用的是考察分布的办法，没有采用语言系统外的证据，因为语言内部的证据是自足的。另外，"以……易……""易之以……"以及"与……易……"都是格式，这些格式限定了其中的"易"都是"交换"的意义，而"轻视"的意义不属于这一格式，自然"贤贤易色"的"易"不会是"交换"。

二、《为政》第 13 章

子贡问君子。子曰："先行其言而后从之。"

【译文】子贡问怎样才能成为君子。孔子说："你想要说的，先实行了，再说出来。"

【考证】**先行其言而后从之**

汉代学者和清代的刘宝楠认为这八个字应该一气读下，但是宋代沈括和几位明、清学者主张在"先行"后断开。而且，定州竹简本（指河北定州汉墓发现的竹简《论语》，是目前发现的最早的《论语》抄本。——编者注）作"先行其言从之"，"先行"后是应该断开的。

　　这样，既有古人言之在前，又有出土文献佐证之在后，似乎断为"先行，其言而后从之"似乎已经毫无疑义了。一些学者正是这样认为的。

　　但在《论语》时代，表示"然后"意义的"而后"这一词语，总是处于"（S）V（O）而后 V（O）"（S 代表主语，V 代表谓语动词，O 代表宾语，括号中的成分可以有，也可以无）这种格式中，没见过例外。也就是说，这一意义的"而后"只能连接两个谓词性结构。例如《公冶长》："季文子三思而后行。"（季文子每件事考虑多次才行动。——杨伯峻先生《论语译注》，下文简称"杨译"）《雍也》："仁者先难而后获。"（仁德的人付出一定的力量，然后收获果实。——杨译）《述而》："子与人歌而善，必使反之，而后和之。"（孔子同别人一道唱歌，如果唱得好，一定请他再唱一遍，然后自己又和他。——杨译）《泰伯》："死而后已，不亦远乎？"（到死方休，不也遥远吗？——杨译）《乡党》："色斯举矣，翔而后集。"（孔子的脸色一动，野鸡便飞向天空，盘旋一阵，又都停在一处。——杨译）《子路》："如有王者，必世而后仁。"（假若有王者兴起，一定需要三十年才能使仁政大行。——杨译）《子张》："君子信而后劳其民……信而后谏。"（君子必须得到信任以后才去动员百姓……必须得到信任以后才去进谏。——杨译）

　　可见，"先行其言而后从之"决不能读作"先行，其言而后从之"，因为"其言"是体词性的，而"而后"所连接的都是谓词性的。至于定州竹简本的"先行其言从之"，句子结构不同，它读作"先行，其言从之"，并不能证明"先行其言而后从之"当读为"先行，其言而后从之"，因为两者的句子结构并不相同。

【点评】这例也是用的考察分布的办法。要注意，主张"先行"后断开的学者采用了王国维的"二重证据法"（以出土文献和传世文献——也就是地下之材料和纸上之材料——互相证明的方法），但显然忽视了出土文献的"先行其言从之"和传世文献的"先行其言而后从之"句子结构并不相同，因而不能等量齐观，以此例彼。

三、《公冶长》第 14 章

子路有闻，未之能行，唯恐有闻。

【译文】子路有所闻，还没来得及去做，便生怕又有所闻。

【考证】唯恐有闻

生怕有所耳闻。这一章两个"有闻"相同，这是汉代孔安国的解释。杨伯峻先生《论语译注》说后一"有闻"的"有"同"又"，恐怕不对。

在《论语》的时代，"闻"表示"听见"意义并作谓语时，除了 6 种特殊情况另当别论外，一般都要带宾语，没有例外。以《论语》为例,《学而》:"夫子至于是邦也,必闻其政。"(他老人家一到哪个国家,必然听得到那个国家的政事。——杨译)《里仁》:"朝闻道,夕死可矣。"(早晨得知真理,要我当晚死去,都可以。——杨译)《公冶长》:"赐也何敢望回?回也闻一以知十,赐也闻一以知二。"(我么,怎敢和回相比?他啦,听到一件事,可以推演知道十件事;我咧,听到一件事,只能推知两件事。——杨译)《公冶长》:"子路曰:'愿闻子之志。'"(子路向孔子道:"希望听到您的志向。"——杨译)

6种特殊情况的前5种可参考著者的《论语新注新译》,这里只说第6种:当"闻"与其他词结合成固定结构如"多闻""无闻"的时候,不带宾语。

因为"有闻"在先秦典籍中很常见,所以也是属于固定结构,一般不带宾语。如《孟子·滕文公下》:"三咽,然后耳有闻,目有见。"(吞了三口,耳朵才有了听觉,眼睛才有了视觉。——杨译)《国语·鲁语下》:"康子曰:'虽然,肥愿有闻于主。'"(康子说:"尽管这样,我还是很想听主上您说点什么。")

"又闻"先秦典籍中极少见,所以它不是固定结构,而是副词"又"修饰谓语动词"闻",因此都得带宾语。例如《论语·季氏》:"问一得三,闻诗,闻礼,又闻君子之远其子也。"(我问一件事,知道了三件事。知道诗,知道礼,又知道君子对他儿子的态度。——杨译）《左传·襄公十八年》："君固无勇，而又闻是，弗能久矣。"（国君本来没有勇气，而又听到了这些话，不能活多久了。——沈译）《昭公元年》："侨又闻之，内官不及同姓，其生不殖。"（侨又听说，国君的妾侍不能有同姓，因为子孙不能昌盛。——沈译）

因此，本章第二个"有闻"不应该读作"又闻"。

【点评】这例也是考察分布，"有闻"不带宾语，而"又闻"要带宾语，这里的"唯恐有闻"没带宾语，所以这句的"有"不能通"又"。那为什么杨伯峻先生会说"唯恐有闻"的"有"通"又"呢？我们看他的翻译："子路有所闻，还没有能够去做，只怕又有所闻。"再看我们的翻译（出自《论语新注新译》）："子路有所闻，还没来得及去做，便生怕又有所闻。"两段译文都包含一个"又"。其实这个"又"是翻译时补出来的，并不等同于原文的"有"——原文的"有"在译文中也出现了。王力先生说：

　　我常对我的研究生说，研究古代语法，不能用翻译的方法去研究，不能先把它翻译成现代汉语，再根据你翻译的现代汉语去确定古代汉语的结构。我们不能用翻译的方法去研究古代汉语的语法，就跟不能用翻译的方法去研究外语语法一样。用翻译的方法去研究古代汉语是很危险，很容易产生错误的。因此，这种研究方法是一种错误的研究方法。

四、《公冶长》第 19 章

子张问曰："令尹子文三仕为令尹，无喜色；三已之，无愠色。旧令尹之政，必以告新令尹。何如？"子曰："忠矣。"曰："仁矣乎？"曰："未知，焉得仁？"

"崔子弑齐君，陈文子有马十乘，弃而违之。至于他邦，则曰：'犹吾大夫崔子也。'违之。之一邦，则又曰：'犹吾大夫崔子也。'违之。何如？"子曰："清矣。"曰："仁矣乎？"曰："未知，焉得仁？"

【译文】子张问道："令尹子文三次做令尹，没有喜悦的表情；三次被罢免，没有怨恨的表情。（每次交接，）一定把自己的政令全都告知新令尹。这个人怎么样？"孔子说："真是公忠体国了。"子张说："算不算仁呢？"孔子说："他未能做到'智'，怎么能够算'仁'呢？"

子张又问："崔杼无理地杀掉齐庄公，陈文子有四十匹马，舍弃不要，离开齐国。到了另一国，就说：'这里的统治者和我们那儿的崔子差不多。'又离开。又到了一国，又说：'这里的统治者同我们那儿的崔子差不多。'于是又离开。这个人怎么样？"孔子说："真是很清白。"子张说："算不算仁呢？"孔子说："他未能做到'智'，怎么能够算'仁'呢？"

【考证】未知，焉得仁

知、智二字是古今字的关系，就是说，上古汉语的"智"是写作"知"的。汉代的孔安国解释"忠矣""未知，焉得仁"说："但闻其忠事，未知其仁也。"（只听说他对别人认真负责，不知道他是否仁。）那么，这句的"不知"不是真的"不知"，只是一种委婉的否定。所以，现在的好些《论语》注本都这样注释。如杨伯峻先生《论语译注》译这五个字为："不晓得；——这怎么能算是仁呢？"并解释说："未知：不是真的'不知'，只是否定的另一方式，孔子停了一下，又说'焉得仁'，因此用破折号表示。"

但是，《经典释文》记载郑玄读这一"知"为"智"。唐写本《论语郑氏注》这章也是"未智，焉得仁"。在《论衡·问孔》中，王充在引了本章后认为，"仁"与"智"是不相干的两码事，是否仁或是否智都不以是否具备另一方为先决条件。可见他和郑玄一样，将"知"读为"智"。《里仁》："择不处仁，焉得知？"（选择住处，没有仁德，怎么能是聪明呢？）一处不仁则不智，一处不智则不仁，恰相对照。

读为"智"的下列语言系统内部证据，我们认为更为关键：

我们全面调查了《论语》《左传》《国语》《孟子》《老子》

《庄子》《墨子》《管子》《荀子》《吕氏春秋》和《韩非子》11部古籍中的全部66例"未知"，这66例中，除了《荀子》中的2例外，其馀64例"未知"全都带有宾语。例如《论语·先进》："未知生，焉知死？"（生的道理还没有弄明白，怎么能够懂得死？——杨译）《左传·闵公二年》："寡人有子，未知其谁立焉。"（我有好几个儿子，还不知道立谁为嗣君呢。——沈译）《孟子·梁惠王下》："今乘舆已驾矣，有司未知所之，敢请。"（现在车马都已经预备好了，管事的人还不知道您要往哪里去，因此来请示。——杨译）由此可知，本章的"未知"既然没带宾语，是读为"未智"的证据——"智"不能带宾语。

　　"焉得"经常处于因果、条件复句的后一从句。我们在《论语》《左传》《国语》《孟子》《管子》《吕氏春秋》和《韩非子》7部古籍中找到33例"焉得"，除《孟子·滕文公下》1例外，其馀32例"焉得"全部处于因果、条件复句的后一从句。例如《论语·八佾》："管氏有三归，官事不摄，焉得俭？"（〔因为〕管氏有三处采邑，手下人员又从不兼差，〔所以〕怎么能算是节俭？——因果复句）《里仁》："里仁为美。择不处仁，焉得知？"（住的地方，要有仁德才好。选择居所，〔如果〕那儿却没有仁德，怎么能算聪明呢？——条件复句）《左传·宣公十一年》："晋、楚无信，我焉得有信。"（晋国、楚国若没有信用，我们哪里能够有信用？——条件复句）《宣公十二年》："犹有晋在，焉得定功？"（因为还有晋国存在，又哪里能够巩固功业？——因果复句）

即使《孟子·滕文公下》那例（景春曰："公孙衍、张仪岂不诚大丈夫哉？一怒而诸侯惧，安居而天下熄。"孟子曰："是焉得为大丈夫乎？"），孟子所说，也可以看作一个紧缩了的条件复句："是"复指前面景春所说的话。因此"是焉得为大丈夫乎"应当译为："如果仅仅这样，又怎么能算大丈夫呢？"

总之，由于"知"是及物动词，"未知"通常要带宾语；"智"是形容词或者抽象名词，不带宾语。而且在上古，"智"写作"知"。所以这一章的"知"应读作"智"。又由于"焉得"往往处于因果、条件复句的后一从句。所以，我们认为"未知，焉得仁"应读为"未智，焉得仁"，是个因果复句（这里的历史依据是，子文举子玉自代，结果"败而丧其众"）。

而且，当回答他人"我不知道"时，从《论语》时代直到战国末年，一般都作"不知也"或"不知"，从没见答以"未知"的。

可见，这句话只能译为："因为他未能做到'智'，又怎么能够算'仁'呢？"

【点评】这一例当然也是考察分布的。值得一提的是，这一"考证"在中国哲学史的研究上很有意义。孔子认为，要做到"仁",先得有智慧。《里仁》又说:"择不处仁,焉得知?"——不追求仁德,也不算明智。咱们现在提倡德智体美全面发展,德、智居于第一、第二位,可不是没有缘由的。

五、《公冶长》第 26 章

颜渊季路侍。子曰:"盍各言尔志?"

子路曰:"愿车马衣轻裘与朋友共敝之而无憾。"

颜渊曰:"愿无伐善,无施劳。"

子路曰:"愿闻子之志。"

子曰:"老者安之,朋友信之,少者怀之。"

【译文】颜渊、季路两人站在孔子身边。孔子说:"何不各自说说你们的志向?"

子路说:"我愿将车马衣服和朋友共同使用直到破烂也没遗憾。"

颜渊说:"我愿不夸耀自己,不劳烦别人。"

子路对孔子说:"希望听听先生的志向。"

孔子说:"老人,让他安逸;朋友,让他信任我;年轻人,让他怀念我。"

【考证】愿车马衣轻裘与朋友共敝之而无憾

这句的"轻"字是后人加上去的,很多证据表明较早的本子并没有这个字。

这一句有两种读法。第一种从"共"字断句，把"共"字当作谓词，作"愿车马衣轻裘与朋友共，敝之而无憾"。第二种作一句读，把"共"字当作状语，修饰"敝"字。我们以为，后一种读法较为妥当。因为：

1. 在《论语》时代的语言中，相较于"共"作谓语，它作状语的频率要高得多。如《论语·子罕》："可与共学，未可与适道。"（可以同他一道学习的人，未必可以同他一道取得某种成就。——杨译）《左传·昭公十六年》："昔我先君桓公……斩之蓬蒿藜藿，而共处之。"（从前我们先君桓公……砍去野草杂木，一起居住在这里。——沈译）

和"与朋友共敝之"同样句型的句子也不少见。如《左传·成公四年》："君若辱在寡君，寡君与其二三臣共听两君之所欲。"（您二位如果屈驾去问候寡君，寡君和他几个臣下共同听取两位君王的要求。——沈译）

2. 如前所言，"共"作谓语较为少见，更为关键的是，作谓语的"共"一般都带有宾语。如《左传·哀公二十六年》："三族共政，无相害也！"（三族共同掌握国政，不要彼此危害！——沈译）《庄子·外篇·达生》："鲁有单豹者，岩居而水饮，不与民共利。"（鲁国有个名叫单豹的，山居而饮水，不和人争利。——陈鼓应《庄子今注今译》，下文简称"陈译"）

即使像"车马衣裘"这样的因为宾语较长而将它转换为

受事主语的，或受事隔得较远而须转换的，或须强调宾语而转换的，"共"后面也通常有一"之"做宾语来复指前面的受事主语。如《孟子·滕文公上》："三年之丧，斋疏之服，饘粥之食，自天子达于庶人，三代共之。"（实行三年的丧礼，穿着粗布缉边的衣服，吃着稀粥，从天子一直到老百姓，夏、商、周三代都是这样的。——杨译）《庄子·内篇·大宗师》："孔子曰：'丘，天之戮民也。虽然，吾与汝共之。'"（孔子说："从自然的道理看来我就像受着刑戮的人。虽然这样，我们应当共同追求方外之道。"——陈译）《晏子春秋·内篇杂上》："崔杼谓晏子曰：'子变子言，则齐国吾与子共之。'"（崔杼对晏子说："您若改变您的说法，那么，这齐国我会和您共同拥有。"）因此，如要表达前一种读法的意思，与"齐国吾与子共之"一样，应作"车马衣裘与朋友共之"。

综上，我们以为前一种读法，即从"共"后点断，是不大可信的，后一种读法则较为可信。唐写本《论语》此句作"□□马衣轻裘与朋友敝之而无憾"，无"共"字，这是文献流传过程中产生的异文。谓语动词是句子的核心，异文也难以不出现；状语不是核心，因此易被忽略。这也可旁证后一种读法即一气读下是可信的。

【点评】这一例的考察分布，光有第一点"共"作状语多见，作谓语较为少见，其说服力是远不够的；第二点"共"

作谓语要带宾语——才是关键。唐写本《论语》的没有"共"，也可以从语言系统内部加以解释，这也可以作为旁证。

六、《雍也》第9章

季氏使闵子骞为费宰。闵子骞曰："善为我辞焉！如有复我者，则吾必在汶上矣。"

【译文】季氏叫闵子骞作他采邑费地的县长。闵子骞对来人说："好好地替我辞掉吧！若是再来找我的话，那我一定会在汶水边上了。"

【考证】汶上

汶，就是山东的大汶河。汉代的孔安国说："去之汶水上，欲北如齐。"（离开而到汶水边上，想往北到齐国去。）故"汶上"暗指齐国之地。桂馥《札朴·汶上》说："水以阳为北，凡言某水上者，皆谓水北（河流的阳面是北岸，所以凡是说"河流名＋上"的，都是说的河流北岸）。"现在好些重要的《论语》注本都采纳桂馥所说，如杨伯峻先生《论语译注》："若是再来找我的话，那我一定会逃到汶水之北去了。"

桂馥所说是错的。先秦典籍中多见"江上""淮上""河上""汉上""沂上""汝上""泗上""泾上""濮上""济上"以至于"川上""海上"等等，都指水边；而且这"水边"不一定仅仅指岸边，某水两岸的广大地区都叫作"某上"。

如《左传·僖公二十四年》："乃如河上，秦伯诱而杀之。"（于是就到了黄河边上，秦伯把他们骗去杀掉。——沈译）"《成公十七年》："楚公子申救郑，师于汝上。"（楚国公子申救援郑国，军队驻扎在汝水边上。——沈译）《襄公十九年》："诸侯还自沂上，盟于督扬。"（诸侯从沂水边上回来，在督扬结盟。——沈译）《襄公十九年》："遂次于泗上，疆我田。"（诸侯的军队就驻扎在泗水边上，划定我国的疆界。——沈译）《子罕》："子在川上，曰：'……'"（孔子在河边，叹道："……"——杨译）

北宋范仲淹作《江上渔者》："江上往来人，但爱鲈鱼美。"诗中"江上"仍指江边，以至江两岸的广袤地区。直到现代，依然这样表达。歌曲《松花江上》："我的家在东北松花江上，那里有森林煤矿，还有那满山遍野的大豆高粱。"

【点评】桂馥只从"水以阳为北"五字，就得出结论说："凡言某水上者，皆谓水北。"这点证据自然是薄弱的。但自《论语译注》采纳他的说法之后，便"太仓之粟陈陈相因"，我们所见到的《论语》今注本几乎都采纳桂说。经考察，"河流名＋上"都表示河流两岸，这是毫无疑义的。这表明，对古人，尤其是时代较后的清朝人的说法，不可盲从，需要看看他所提供的语言内部证据是否充分。

七、《述而》第1章

子曰："述而不作，信而好古，窃比于我老彭。"

【译文】孔子说："传述而不创制礼乐，相信进而喜好古代文化，且私下将我自己比作老彭。"

【考证】**窃比于我老彭**

定州汉墓竹简本《论语》作"窃比我于老彭"——"我"和"于"互换了位置。我们认为，应以竹简本为准。因为，经全面考察《论语》《左传》《国语》和《孟子》四部古籍中1081例"我"字，未见有"我"后面直接跟着人名的。"我"后面如需跟人名，该人名前必须有一个表示称谓的名词，如"我小君文姜"（《左传·庄公二十二年》），"我先大夫子驷"（《襄公二十二年》），"我高祖少皞挚"（《昭公十七年》）。

相反，如果我们把"比我于老彭"归纳为"比＋人称代词＋于＋名词（或代词）"的格式，这一格式的句子在那时的语言中却是常见的。如《诗经·邶风·谷风》："既生既育，比予于毒。"（已有了生育，已有了生活，却把我比作毒物抛掉！——陈子展《诗经直解》，下文简称"展译"）《孟子·公孙丑上》："尔何曾比予于管仲？……尔何曾比予于是？"（你为什么竟拿我跟管仲相比？……你为什么竟拿我跟他相比？——杨译）《庄子·内篇·人间世》："女将恶乎比予哉？若将比予于文木邪？"（你要拿什么东西和我相比呢？把我和有用之木相比吗？——陈译）《吕氏春秋·审应览》："何事比我于新妇乎？"（为什么把我比作新媳妇呢？——张双棣等《吕氏春秋译注》）

【点评】第二条"考证"和这一条"考证"中都出现了"二重证据法"的运用。不同的是，前一考证中，有的学者因为没有审句例也即考察分布，故出土文献的"先行，其言从之"并不能证明传世文献的"先行其言而后从之"应该断为"先行，其言而后从之"。而这一考证中，通过审句例，证明了传世文献的"窃比于我老彭"应当根据出土文献，读为"窃比我于老彭"。这说明，运用各种训诂方法进行疑难词句的考证时，分布的考察是不可缺位的。

八、《泰伯》第 9 章

子曰："民可使由之，不可使知之。"

【译文】孔子说："老百姓，不难让他们顺着一条道路走下去，难以让他们明白那是为什么。"

【考证】民可使由之不可使知之

杨伯峻先生的《论语译注》说："宦懋庸《论语稽》则云：'对于民，其可者使其自由之，而所不可者亦使知之。或曰，舆论所可者则使共由之，其不可者亦使共知之。'则原文当读为'民可，使由之；不可，使知之'。恐怕古人无此语法。"

宦懋庸对"民可使由之不可使知之"的解释之一是："对于百姓，他们同意认可的就让他们自己走下去；他们不同意认可的，也要让他们明白为什么要这样做。"他的解释之二是："大家都同意认可的就让大家自己走下去；大家都不同意认可的，也要让大家明白为什么要这样做。"

我们在《论语》《左传》《国语》和《孟子》里考察了全部共1683例"可"，这四部典籍中罕见主语后直接接一"可"字作谓语的。即便有，如"赵衰曰：'郤縠可。'"（《左传·僖公二十七年》）也是说"郤縠这人可以（胜任）"，没有一例主语直接接"可"字能够确定是表示某某同意、某某认可的。

因此，根据语言的社会性原则，"民可，使由之；不可，使知之"的读法不可信。

同样，断作"民可使，由之；不可使，知之"也是不行的。《论语》时代语言中固然有"可使""不可使"，但这"使"是"出使"的意思。《左传·襄公二十二年》："不可使也，而傲使人，国之蠹也。"（他不配出使反而对使者骄傲，这是国家的蛀虫。——沈译）《襄公二十六年》："公曰：'诺。孰可使也？'"（晋侯说："好。谁可以做使者？"——沈译）

牛泽群《论语札记》列有除"民可使由之，不可使知之"之外的八种句读，除上面谈及的两种外，尚有六种，其情形与上举两种类似，就不多说了。

与此相反，"民可使由之"的读法，在孔子时代的语言中却是带有普遍性，一抓一大把的。仅举《论语》的几例。《公冶长》："由也，千乘之国，可使治其赋也……求也，千室之邑，百乘之家，可使为之宰也……赤也，束带立于朝，可使与宾客言也。"（仲由啦，如果有一千辆兵车的国家，可以叫他负责兵役和军政的工作……求啦，千户人口的私邑，可以叫他当县长；百辆兵车的大夫封地，可以叫他当总管……赤啦，穿着礼服，立于朝廷之中，可以叫他接待外宾，办理交涉。——杨译）《雍也》："雍也，可使南面。"（冉雍这个人，有能力君临天下。）《雍也》："仲由可使从政也与……赐也可使从政也与……求也可使从政也与？"（仲由这人，可以使用他治理政事么……端木赐可以使用他治理政事么……冉求可以使用他治理政事么？——杨译）《先进》："求也为之，比及三年，可使足民。"（我去治理，等到三年光景，可以使人人富足。——杨译）

即使将范围缩小到以"民"为主语，也可找到不少例子。仅举一例，《孟子·尽心上》："易其田畴，薄其税敛，民可使富也。"（搞好耕种，减轻税收，可以使百姓富足。——杨译）

至于下句"不可使知之"，与《左传·庄公十六年》"不可使共叔无后于郑"（不能让共叔在郑国的后代没有禄位——沈译）类似的例子在那一时代的典籍中也并不少见。

这段话是鼓吹"愚民"吗？并非如此。因为，当时语言中，"可"除了单独使用，只表达客观可能（说话人认为可能、能够那样），不表达主观意志（说话人认为应当、必须那样）。如《论语·公冶长》："由也，千乘之国，可使治其赋也……求也，千室之邑，百乘之家，可使为之宰也……赤也，束带立于朝，可使与宾客言也。"（翻译见上文）《孟子·告子上》："今夫水，搏而跃之，可使过颡；激而行之，可使在山。"（现在拿水来打比方，拍水让它跳起来，能够让它高过额角；汲水使它倒流，能够让它流在高山。）所以我们才这样翻译。

后来的汉语中，"可"能够表达主观意志了，如："不可随地吐痰！""不可随处小便！"这里的"不可"都是"不要"的意思。可见，说"民可使由之不可使知之""主张"愚民，是拿"可"今天的意义去理解《论语》，也就是"以今律古"。

《孟子·尽心上》："行之而不著焉，习矣而不察焉，终身由之而不知其道者，众也。"（如此做去，却不明白其当然，习惯了却不深知其所以然，一生都从这条大路走去，却不了解这是什么道路的，这是一般的人。——杨译）这句话和"民可使由之，不可使知之"所表达的意思差不多，也可以作为一个旁证。

【点评】这一考证当然也是考察分布的，其要点有二：一是除了"民可使由之，不可使知之"的传统标点断句外，其他的都不可信；二是由于那时的"可"只表达客观可能，不表达主观意志，所以这一章并不是主张愚民的。

九、《子罕》第11章

颜渊喟然叹曰："仰之弥高，钻之弥坚。瞻之在前，忽焉在后。夫子循循然善诱人，博我以文，约我以礼，欲罢不能；既竭吾才，如有所立卓尔，虽欲从之，末由也已。"

【译文】颜渊长叹一声，说："老师的道德文章，越仰视，越觉得巍峨高大；越钻研，越觉得坚不可摧。（乍一看高深莫测——）看着好像在前面，忽然又到后面去了。但老师循序渐进善于诱导学生，用文献来充实我，用礼节来约束我，让我（乐在其中，）想停都停不下来。我已经用尽我的才华，假如老师又卓然有所建树，即使想再跟上去，又不知从何处走了。"

【考证】既竭吾才，如有所立卓尔

这两句的解释有歧义。按照孔安国的说法，是孔子"有所立"，句中的"如"是连词，"如果""假如"的意思，"如有所立"就是"假如（夫子）有所建树"。宋代朱熹的解释与孔安国相同。但署名韩愈、李翱的《论语笔解》则说："此回自谓虽卓立，未能及夫子之高远也。"（这里是说，颜回说自己虽然似乎有所建树，但却比不上夫子成就的高大深远。）又成了颜回"有所立"，句中的"如"为副词，"好像""似乎"的意思，"如有所立"则是"似乎能够独立地工作"（杨译）。

　　我们同意孔安国说。一是孔说远较《笔解》之说为早，更重要的是，《论语》中的"如"虽然大多是副词，意为"好像""似乎"，但是"如有"的"如"一般都是连词，意为"如果""假如"。除本章暂且存疑外，其他如《雍也》："如有复我者，则吾必在汶上矣。"（若是再来找我的话，那我一定会在汶水边上了。）《雍也》："如有博施于民而能济众，何如？"（假若有这么一个人，广泛地给人民以好处，又能帮助大家生活得很好，怎么样？——杨译）《泰伯》："如有周公之才之美，使骄且吝，其馀不足观也已。"（假如才能的美妙真比得上周公，只要骄傲而吝啬，别的方面也就不值得一看了。——杨译）《子路》："如有王者，必世而后仁。"（假若有王者兴起，一定需要三十年才能使仁政大行。——杨译）《阳货》："如有用我者，吾其为东周乎！"（假若有人用我，我将使周文王武王之道在东方复兴。——杨译）可见，"如有"在当时语言中是一个表示假设的常用短语，根据语言的社会性原则，本章的"如有"也不能例外。

　　【点评】这一例的考察分布，仅仅是在"如"后面加上一个"有"，立刻就出现了一边倒的局面：所有的"如有"

都是表假设的连词。这固然说明了考察分布的重要，同时也说明，清代学者对汉代学者说法的颠覆，往往是不成功的。

十、《子罕》第 14 章

子欲居九夷。或曰："陋，如之何？"子曰："君子居之，何陋之有？"

【译文】孔子想搬到九夷去住。有人说："那地方偏远闭塞，没有文化，怎么好去住？"孔子说："有君子住在那儿，就不偏远闭塞了。"

【考证】君子居之，何陋之有

根据汉代马融、梁代皇侃、宋代朱熹等的解释，这两句的"陋"应为僻陋、鄙陋的意义——形容地方时为"僻陋"意义，形容人物时为"鄙陋"意义。而杨伯峻先生《论语译注》释为"简陋"，孙钦善先生《论语本解》释为"粗陋"，这就有了辨析的必要。

《左传·文公十二年》："不有君子，其能国乎？国无陋矣。"意谓没有君子，能叫作国家吗？秦国有了君子，所以不鄙陋。这和本章所表达的意思大致相同。《左传·成公八年》记载，晋侯的使者经过莒国，对莒君说："城已恶。"（城墙已经败坏了。）莒君却说："辟陋在夷，其孰以我为虞？"意思是我国僻陋，处在蛮夷之地，谁会打我们的主意呢？第二年却被楚国攻下。《成公九年》评论此事说："莒恃其陋，而不修城郭，浃辰之间，而楚克其三都，无备也夫！"
（莒国仗着自己偏远僻陋而不修治城郭，十二天之间，楚国就攻克了它的三个城市，这是由于没有防备的缘故啊！）"恃陋"意谓仗着自己处在边远之地（谁会仗着"简陋""粗陋"呢）。《左传》说"辟陋在夷"，本章说"子欲居九夷。或曰：'陋，如之何？'"可证本章的"陋"也是"僻陋"的意思。又《昭公十九年》："晋之伯也，迩于诸夏，而楚辟陋，故弗能与争。"（晋国率领诸侯的时候，接近中原诸国；而楚国偏远僻陋，所以不能和它争夺。）楚国被各国视为蛮夷，又处在遥远的南方，故而僻陋；而九夷也远在楚国，所以这一章的"陋"也是"僻陋"的意思。辟、僻两字是古今字的关系。

【点评】"简陋""粗陋"的意义是从"僻陋""鄙陋"意义发展变化而来的，因为它们意义上相似的地方很多，因此它们的分布十分相似。如果光观察一个短句，它们在分布上的区别往往就显示不出来，这样就需要考察一个句群。另外，由于"简陋""粗陋"是从"僻陋""鄙陋"发展变化而来的，所以出现在典籍中有先有后。如果《论语》及其同时代典籍中难以找到存在"简陋""粗陋"意义的"陋"的确证，那么，《论语》中的"陋"是"僻陋""鄙陋"意义的概率就十分高。再根据是地点还是人物，确定其意义是"僻陋"还是"鄙陋"。本章是说"九夷"这地方"陋"，当然是"僻陋"意义了。"陋"的偏旁是"邑"（左耳旁），也显示它的最开始的意义和城郭有关。

十一、《乡党》第6章

狐貉之厚以居。（节选）

【译文】（冬天）家居时接待宾客，穿厚狐貉皮裘。

【考证】**狐貉之厚以居**

何晏《集解》引郑玄说："在家以接宾客也。"（在家里穿它来接待宾客——"以"的宾语没出现）皇侃《义疏》解释得更具体："此谓在家接待宾客之裘也。"（这是说在家接待宾客要穿什么裘皮衣。）所以，这句的意思是在家接待宾客要穿着厚狐狸皮、厚貉皮做的裘皮大衣。

但是，清代刘宝楠《论语正义》引凤韶《经说》却论证了一番"居"有"坐"的意思，于是就说"狐貉之厚"是用来作坐垫的。如杨伯峻先生《论语译注》译为："用狐貉皮的厚毛作坐垫。"

我们不否认"居"确有"坐"的意义，但因刘、凤以及凤所引的阎若璩（qú）之说根本就没有证明这里的"居"恰恰就是"坐"的意义，所以其结论并不可靠。但是，杨伯峻先生《论语译注》、钱穆《论语新解》、潘重规《论语今注》、李泽厚《论语今读》、孙钦善《论语本解》、李零《丧家狗——我读〈论语〉》……我们所见到的几乎所有《论语》

的今注本都采纳"坐垫"之说。

"居"的"家居""平居""平时"意义在《论语》中也是常见的。例如《述而》："子之燕居，申申如也，夭夭如也。"（孔子在家闲居，很整齐的，很和乐而舒展的。——杨译）《子路》："居处恭，执事敬，与人忠。虽之夷狄，不可弃也。"（平日容貌态度端正庄严，工作严肃认真，为别人忠心诚意。这几种品德，纵到外国去，也是不能废弃的。——杨译）下面，我们来证明"狐貉之厚以居"的"居"是"家居""平居"义。

《礼记·服问》："公为卿大夫，锡衰以居，出亦如之。""狐貉之厚以居"和"锡衰以居"句式完全相同，"狐貉之厚"和"锡衰"都是介词"以"的前置宾语（本书第四讲曾说介词"以"的宾语常常前置）。

类似句子还有《尚书·金縢》："王与大夫尽弁以启金縢之书。"（成王与大夫皆穿礼服以开藏卜兆之书。——周秉钧先生《尚书易解》）《诗经·桧风·羔裘》："羔裘逍遥，狐裘以朝。"（羔裘朝服游宴逍遥，狐裘便服穿了听朝。——展译）《晏子春秋·外篇上》："晏子相景公，布衣鹿裘以朝。"（晏子给齐景公当宰相，穿着布衣鹿裘上朝。）《礼记·郊特牲》："祭之日，王皮弁以听祭报，示民严上也。"（祭祀那天，王戴着皮帽子来听祭报，显示尊敬君上之意给老百姓看。）《玉藻》："诸侯玄端以祭，裨冕以朝，皮弁以听朔于大庙。"（诸侯穿戴着玄端祭祀，穿戴着裨冕上朝，穿戴着皮弁接受天子颁布的历书并收藏在太庙。）

以上各例都是"服饰＋以＋动词"的格式，都是"穿戴着……来做……"的意思，服饰都是介词"以"的前置宾语。"狐貉之厚以居"正属于这一格式。"锡衰以居，出亦如之"是说国君为卿大夫服丧时，家居穿锡衰，外出也是这样。那么，"狐貉之厚以居"正是穿着厚狐貉裘居家（见客）的意思，可知郑玄注并没有错。

【点评】在本书第三讲，咱们曾说，归纳格式是考察分布的重要任务，格式最能够锁定并凸显词义。这一则考证正是通过归纳格式来考察分布，从而正确揭示处于格式中的"居"的意义的。在第三讲，我们还说，汉晋人的说法比清人的说法可靠得多，这例也可说明这一点。

十二、《颜渊》第 1 章

颜渊问仁。子曰："克己复礼为仁。一日克己复礼，天下归仁焉。"（节选）

【译文】颜渊问仁德。孔子说："克制自己，使言语行动都回复到'礼'的境界，就是仁。一旦这样做成了，天下的人都会归向仁德。"

【考证】天下归仁

清代毛奇龄《论语稽求篇》说："'归仁'即'称仁'。"

即"归仁"就是称赞、称许某人为"仁"。毛说不确。本章的"天下归仁"和《孟子·离娄上》的"民之归仁"，其"归仁"并无不同，因为"天下"实际上是指天下百姓也就是天下之民。《离娄上》："民之归仁也，犹水之就下、兽之走圹也。"（百姓向仁德仁政归附，正好比水的向下流、兽的向旷野的奔走一样。——杨译）动词"归"具有"移动"这一义素（把词的意义分析为几个要素，就叫"义素"）；"归"的女子出嫁、返回、归还、归附、归宿等义位，都具有这一义素。而上文"就下""走圹"的"就""走"，同样具有"移动"这一义素，这就有了可比性，所以能说"民之归仁也，犹水之就下、兽之走圹也"。如果是"称"，便没有可比性了。而"民之归仁"的"归"显然不可能是出嫁、返回、归还、归宿等，那就只能是"归附"（归向）了。

　　以《离娄》这段话为纽带，又可引出下列证据，如《孟子·梁惠王上》："如有不嗜杀人者，则天下之民皆引领而望之矣。诚如是也，民归之，由（犹）水之就下，沛然谁能御之？"（如果有一位不好杀人的君王，那么，天下的老百姓都会伸长着脖子期待他的解救了。真是这样，百姓的归附于他，跟随着他，好像水的向下奔流一样，那又有谁能够阻挡得住呢？——杨译）《左传·昭公三年》："吾弗知齐其为陈氏矣！公弃其民，而归于陈氏……其爱之如父母，而归之如流水。"（我不能不说齐国可能属于陈氏了！国君不爱护他的百姓，让他们归附陈氏……陈氏爱护百姓如同父母，而百姓归附陈氏如同流水。——沈译）《国语·越语上》："寡人闻，古之贤君，四方之民归之，若水之归下也。"（我听说，古代的贤君，四面八方的老百姓归附于他，就好像水的回归低洼之处一样。）《荀子·富国》："百姓皆爱其上，人归之如流水，亲之欢如父母。"（老百姓都敬爱他们的君主，人们的归向于他，如同流水，亲爱他，高兴得如同见到父母。）

可见，民的归向何处，就像水向下流一样，是当时习惯的说法。这里的"归"是归附、归向，它们都具有"移动"义素。上引《国语·越语上》"四方之民归之，若水之归下也"，用了两个"归"，尤其能说明这一点。

以上各项书证，足以证明《孟子·离娄上》"归仁"的"归"是归附、归向。如果没有强有力的证据证明《论语·颜渊》"一日克己复礼，天下归仁焉"的"归仁"与《孟子·离娄上》的"归仁"有所不同的话，我们只能认为前者的"归"也是归附、归向。因此，我们认同梁代皇侃《论语义疏》所说："言人君若能一日克己复礼，则天下之民咸归于仁君也。"（说的是君主有一天如果能做到克己复礼，那么天下的老百姓都会归向于这位仁慈的君主了。）

【点评】这一例我们运用了义素分析法。把词的意义分析为几个要素，就叫"义素分析法"。如"学生"具有人、学习、学校 3 个义素，"教师"具有人、教书、学校 3 个义素，"教授"具有人、教书、大学、学问好 4 个义素。《孟子》"民之归仁，犹水之就下"，"归"和"就"都具有"移动"这一义素，就有了可比性，所以用了个"犹"来比较。如果"归"是"称"的意义，就没了"移动"的义素，也就没了可比性。《孟子》的"归仁"和《论语》本章的"归仁"并无不同，怎么能解释为"称仁"呢？

十三、《子路篇》第 15 章

定公问："一言而可以兴邦，有诸？"

孔子对曰："言不可以若是其几也。人之言曰：'为君难，为臣不易。'如知为君之难也，不几乎一言而兴邦乎？"

曰："一言而丧邦，有诸？"

孔子对曰："言不可以若是其几也。人之言曰：'予无乐乎为君，唯其言而莫予违也。'如其善而莫之违也，不亦善乎？如不善而莫之违也，不几乎一言而丧邦乎？"

【译文】鲁定公询问："一句话能够用来兴盛国家，是否有这事？"

孔子答道："说话不可以像这样地不留馀地。不过，有道是：'做君主很难，做臣子也不易。'如果知道做君主的艰难，不近于一句话便兴盛国家吗？"

定公又说："一句话丧失国家，有这事吗？"

孔子答道："说话不可以像这样地不留馀地。不过，有道是：'我并不乐于当君主，好就好在说什么话也没人违抗我。'如果说话正确而没人违抗，不也好吗？如果说话不正确却没人违抗，不近于一句话便丧失国家吗？"

【考证】言不可以若是其几也

现代许多注《论语》的专家都根据汉代孔安国的注解，在"若是"后标点，成为"言不可以若是，其几也"；不点断而一气连读者，我们所见仅有杨伯峻先生的《论语译注》。

"若是其"是一个固定结构，它后面通常接形容词（以单音节形容词为多见），表示"如此……""像这样地……""竟然这样地……"，如《孟子·梁惠王上》："若是其甚与？"（竟然有这样严重吗？——杨译）《梁惠王下》："若是其大乎？"（真有这么大吗？——杨译）《庄子·则阳》："其于人心者若是其远也！"（他的恬退和别人的噪竞之心，相去竟这么遥远！——陈译）《荀子·强国》："损己之所不足，以重己之所有馀，若是其悖缪也。"（减少自己不够的，增加自己有馀的，竟然是这样糊涂。）《晏子春秋·内篇杂下》："晏子之家，若是其贫也。"（晏子的家，竟然是这样贫穷。）

以上这些"若是其"都可译为"如此……""像这样地……""竟然这样地……"。因此我们认可朱熹所说："以'若是'绝句，恐不词也。"（从"若是"断开，恐怕是不通的。）"几"的意思是"近"。这句话应当译为"说话不能像这样地不留馀地"。下文"几乎"类似"近于"（"乎"是介词，相当于"于"），正和"言不可以若是其几也"相呼应。"几乎"成为副词，是后来语言发展的结果。

【点评】就像"莫斯科"不是主管"莫斯"的科室，它的领导者是市长而不是科长一样，"若是其"也是连在一起不能拆开的。本书第三讲曾经讲过，词是不能拆开来分析的；其实，固定结构也是不能拆开来的，所以才叫"固定结构"啊！

十四、《子路》第 22 章

子曰："南人有言曰：'人而无恒，不可以作巫医。'善夫！"（节选）

【译文】孔子说："南方人有句话说：'作为一个人，却没有恒心，连巫者和医生都做不了。'说得好啊！"

【考证】巫医

"巫医"不是一个词。汉语大部分的双音词都是经过同义词临时组合阶段的。因此，较早时代和较晚时代书写形式完全相同的两个结构，往往较早的是短语，较晚的才是合成词。如"地方""事情"等（如古汉语"地方千里"，"地"是主语，"方千里"是谓语。现代汉语"这是一个好地方"的"地方"，是一个词）。两者的区别，在古代汉语中，要看这一结构的出现频率是高是低，形式是否固定。如果是词，出现频率相对较高，形式相对固定，短语则反之。

《论语》和《左传》时代，"医"和"巫"都出现多次，"巫医"却只出现在《论语》1次。正如"巫兀"（巫者和仰面朝天的畸形人）仅出现于《左传》1次，"巫匠"（巫者和木匠）仅出现于《孟子》1次，因而是短语一样，这一时代的"巫医"也是短语，即巫者和医师。

即使汉代史书中，有时"巫医"连着说，有时又"医巫"连着说，形式并不固定。如《史记·孝武本纪》："天子病鼎湖甚，巫医无所不致，不愈。游水发根乃言曰：'上郡有巫，病而鬼下之。'"（汉武帝在鼎湖宫得了重病，巫师、医生等想尽办法，仍然不愈。游水发根说："上郡有位巫师，生病时有鬼神附体。"）《汉书·爰盎晁错传》："为置医巫，以救疾病，以修祭祀。"（为他们配置医师和巫师，用来救死扶伤，用来主持祭祀。）而且，既然先说"巫医无所不致"，又说"上郡有巫"，那么"巫医"也不大可能是一个词。"以救疾病，以修祭祀"则明明是说"医""救疾病"，"巫""修祭祀"了（这就是杨树达先生在《古书疑义举例续补》一书中所说的"两词分承上文例"）。

又《列子·力命》（《列子》成书于魏晋时期）："我乎汝乎！其弗知乎！医乎巫乎！其知之乎？"（我啊你啊！难道不清楚吗？医生啊巫师啊！他们懂得吗？）所以刘宝楠

《正义》解读此章时，在引用《周礼》"司巫，中士二人、府一人、史一人、胥一人、徒十人"及"医师，上士二人、下士四人、府二人、史二人、徒二十人"后说"是巫医皆以士为之"，可见他也是将"巫医"看成巫者和医师的。

【点评】上一例"若是其"是不能拆开的，这一例"巫医"则必须拆开来理解。因为在"巫"和"医"都较为频繁出现的前提下，"巫医"仅出现了一次；而且，到了几百年后的汉代，它还没有凝固成一个词，在更早的《论语》成书年代它就更不可能是一个词了。

十五、《卫灵公》第 27 章

子曰："巧言乱德。小不忍，则乱大谋。"

【译文】孔子说："花言巧语足以败坏道德。小小的不忍心，足以败坏大谋略。"

【考证】小不忍

朱熹《四书集注》说："小不忍，如妇人之仁、匹夫之勇皆是。"（小不忍，像妇人之仁、匹夫之勇都是。）他的《四书或问》说："妇人之仁，不能忍其爱也；匹夫之勇，不能忍其暴也。"（妇人之仁，是忍不住要把爱释放出来；匹夫之勇，是忍受不了别人的残暴。）蔡清《四书蒙引》、钱穆《论语新解》等都采纳这种说法。这是不对的。一个多义词在一定语境中，只可能以一个意义出现，不能几个意义同时出现。这一章的"忍",它的"忍心"义和"忍耐"义只能出现一项,不能同时出现。

根据我们所做的穷尽性调查,从《论语》时代直到汉初,当"忍"不带宾语且受否定副词"不"修饰时,通常只表示"忍心"的意义。如《左传·成公二年》:"寡君不忍,使群臣请于大国,无令舆师淹于君地。"(寡君不忍,派下臣们前来向大国请求,同时又不让我军长久留在贵国。——沈译)《昭公十三年》:"观从谓子干曰:'不杀弃疾,虽得国,犹受祸也。'子干曰:'余不忍也。'"(观从对子干说:"如果不杀死弃疾,虽然得到国家,还会受到灾祸。"子干说:"我不忍心哪。"——沈译)《孟子·梁惠王上》:"百姓皆以王为爱也,臣固知王之不忍也。"(老百姓都以为王是吝啬,我早就知道王是不忍。——杨译)《尽心下》:"人皆有所不忍,达之于其所忍,仁也。"(每个人都有不忍心干的事,把它扩充到所忍心干的事上,便是仁。——杨译)《庄子·杂篇·让王》:"与人之兄居而杀其弟,与人之父居而杀其子,吾不忍也。"(和人的哥哥居住而让他的弟弟去被杀害,和人的父亲居住而让他的儿子去被杀害,我不忍心这样做。——陈译)有鉴于此,这一章的"小不忍",其意义当为"小小的不忍心",即"小小的仁慈"。

好些汉代文献记载,汉代人确实是这样理解的。仅举《史记·梁孝王世家》一例:

　　袁盎等入见太后："太后言欲立梁王，梁王即终，欲谁立？"太后曰："吾复立帝子。"袁盎等以宋宣公不立正，生祸，祸乱后五世不绝，小不忍害大义状报太后。太后乃解说，即使梁王归就国。"

　　袁盎等大臣进宫去谒见太后，说："太后说要立（今上的弟弟）梁王为帝，那梁王去世后，要立谁为帝？"太后说："我再立今上之子。"袁盎等大臣便把历史上宋宣公不立嫡子而立弟弟，最后导致（哥哥和弟弟的儿子都争夺君位的）祸乱，而且这祸乱绵延五世不绝，小仁慈伤害国家大义的事情说给太后听。太后于是释然，便让梁王回到自己的封地。

　　这里的"小不忍"便是出自《论语》这一章，当然是"小小的仁慈"的意思。

　　【点评】现在的人们理解"小不忍则乱大谋"的"忍"，都认为是"忍耐"，这是因为"忍"的忍耐、忍心两个意义中，作为词而保留到现代汉语的，只有"忍耐"。比如你朋友受了欺负，想和人拼命，你会劝道："忍一忍吧！""忍心"的意义，只是作为语素保留在"残忍"这个词中，但是大多数人也不知道"残忍"的"忍"到底是什么。于是人们就用"忍"现在的意义去理解《论语》中的这句话，这就违反了语言的历史性原则。

十六、《卫灵公》第35章

子曰:"民之于仁也,甚于水火。水火,吾见蹈而死者矣,未见蹈仁而死者也。"

【译文】孔子说:"百姓害怕'仁',超过害怕水火。水火,我看见进去便死了的,却从没见过实践仁德而死的。"

【考证】甚于水火

这句话有歧义。汉代马融说:"水火与仁皆民所仰而生者,仁最为甚。"(水、火和仁德都是民众所仰赖而生存的,需要仁德最迫切。)杨伯峻先生《论语译注》采纳了此说,注释说:"《孟子·尽心上》说:'民非水火不生活。'译文摘取此意。"并译为:"百姓需要仁德,更急于需要水火。"钱穆《论语新解》译作:"人生有赖于仁,尤甚其有赖于水火。"但曹魏时的王弼说:"民之远于仁,甚于远水火也。"(老百姓的远离仁德,超过远离水和火。)孙钦善《论语本解》采纳了此说,译"民之于仁也,甚于水火"为"老百姓对于仁的畏惧,超过对水火的畏惧"。我们倾向于后一种解释。理由如下:

1.《论语》时代,"甚"作为动词,是"过分""严重"(《王力古汉语字典》)的意思,用作谓语时,通常用于描述一些不好的、恶劣的事物。例如《论语·述而》:"甚矣吾衰也!"(我衰老得多么厉害呀!——杨译)《子张》:"纣之不善，不如是之甚也。"（商纣的坏，不像现在传说的这么厉害。——杨译）《左传·桓公十七年》："高伯其为戮乎？复恶已甚矣。"（高伯恐怕要被诛戮的吧？报仇报得太过分了。——沈译）《僖公元年》："君子以齐人杀哀姜也为已甚矣。"（君子认为齐国人杀死哀姜是太过分了！——沈译）《僖公五年》："晋不可启，寇不可玩，一之谓甚，其可再乎？"（晋国的野心不可开启，引进外国军队不可玩忽。一次已经过分，难道还可以来第二次吗？——沈译）《僖公二十一年》："祸其在此乎！君欲已甚，其何以堪之？"（祸殃就在这里吧！国君的欲望太过分，那怎么受得了？——沈译）《成公二年》："子若不许，仇我必甚。"（您如果不肯答应，必然更加仇恨我们。——沈译）《成公六年》："若不能败，为辱已甚，不如还也。"（如果不能打败他们，受到的耻辱就太过分了，不如回去。——沈译）《襄公十四年》："栾黡汏虐已甚。"（栾黡骄横暴虐太过分。——沈译）《襄公二十一年》："尤而效之，其又甚焉！"（有了过错而去学他，过错就更大了！——沈译）《昭公十六年》："若韩子奉命以使，而求玉焉，贪淫甚矣，独非罪乎？"（如果韩子奉命出使而求取玉环，他的贪婪邪恶就太过分了，难道不是罪过吗？——沈译）

在那一时期，当"甚"后接"于"字和它的宾语，用于比较时，一般用于比较两个较为不好的事物中哪一个更为不好。例如《左传·襄公二十六年》："楚师大败，王夷师熸，子反死之。郑叛吴兴，楚失诸侯……声子曰：'今又有甚于此。椒举娶于申公子牟，子牟得戾而亡……'"（楚军大败，君王受伤，军队一蹶不振，子反为此而死。郑国背叛，吴国兴起，楚国失去诸侯……声子说："现在又有比这厉害的。椒举娶了申公子牟的女儿，子牟得罪而逃亡……"——沈译）《国语·周语上》："防民之口，甚于防川。"（堵塞老百姓的嘴巴，比堵塞堤防缺口还厉害。）《孟子·公孙丑上》："民之憔悴于虐政，未有甚于此时者也。"（老百姓被暴虐的政治所折磨，历史上也从来没有这样厉害过。——杨译）"民之于仁也，甚于水火"，句式略同上举"民之憔悴于虐政，未有甚于此时者也"。

2.《论语》时代的典籍中，"水火"通常代表可怕的、容易伤害人的事物。例如《左传·昭公十三年》："众怒如水火焉，不可为谋。"（众怒好像水火，没有法子可想了。——杨译）《孟子·梁惠王下》："以万乘之国伐万乘之国，箪食壶浆以迎王师，岂有他哉？避水火也。"（以齐国这样拥有一万辆兵车的大国来攻打燕国这样拥有一万辆兵车的大国，燕国的百姓却用筐盛着干饭，用壶盛着酒浆来欢迎您的军队，难道会有别的意思吗？只不过是想逃开那水深火热的苦日子罢了。——杨译）《孟子·梁惠王下》："今燕虐其民，王往而征之，民以为将拯己于水火之中也，箪食壶浆以迎王师。"（如今燕国的君主虐待百姓，您去征伐他，那里的百姓认为您是要把他们从水深火热的苦难中解救出来，因此都用筐盛着干饭，用壶盛着酒浆来欢迎您的军队。——杨译）《滕文公下》："救民于水火之中，取其残而已矣。"（只是把老百姓从水火之中拯救出来，而杀掉那残暴的君主罢了。——杨译）

　　将"甚于水火"联系下文"水火，吾见蹈而死者矣"，更能显现"水火"在此为威胁人身安全的事物。

　　【点评】本例是通过考察"甚"和"水火"在那时语言中的词义特征来解决歧义的例子。马融是东汉人，王弼是三国曹魏时人，时代相隔很近，他们的意见都值得重视。遇到这种情况，在未加考察前，研究者是完全不能预判谁正谁误的，只能认真考察分布，或考察该词那时的词义特征，来求得恰当的解释。

十七、《阳货》第 1 章

　　阳货欲见孔子，孔子不见，归孔子豚。

　　孔子时其亡也，而往拜之。

　　遇诸途。

　　谓孔子曰："来！予与尔言。"曰："怀其宝而迷其邦，可谓仁乎？"曰："不可。好从事而亟失时，可谓知乎？"曰："不可。日月逝矣，岁不我与。"

孔子曰："诺；吾将仕矣。"

【译文】阳货想要孔子来拜见他，孔子不去，他便送孔子一只（蒸熟了的）小猪。孔子打听到他不在家的时候，去拜谢。

两人在路上相遇。

对孔子说："过来，我和你谈谈！"又说："怀着一身本领，却听任国事糜烂，可以叫作'仁'吗？"接着又说："不可以。投身事业，却屡屡错失良机，可以叫作'智'吗？"又接着说："不可以。太阳月亮升起又落下，岁月可不饶人啊！"

孔子这才说："好吧，我打算做官了。"

【考证】日月逝矣

杨伯峻先生《论语译注》译"日月逝矣，岁不我与"为："时光一去，就不再回来了呀。"钱穆《论语新解》译为："光阴一天天过去，年岁不会等待着你呀！"其他注家大同小异，都把"日月"看作时间词。我们认为，"日月"指太阳和月亮，"日月逝矣"意为"太阳月亮升起又落下"。

1.《论语》时代的典籍中，"日月"一般都指太阳月亮，极少例外。例如《论语·子张》："君子之过也，如日月之食焉。"（君子的过失好比日蚀月蚀。——杨译）《子张》："仲尼，日月也，无得而逾焉。人虽欲自绝，其何伤于日月乎？"（仲尼，简直是太阳和月亮，不可能超越它。人家纵是要自绝于太阳月亮，那对太阳月亮有什么损害呢？——杨译）《左传·襄公十四年》："民奉其君，爱之如父母，仰之如日月，敬之如神明，畏之如雷霆。"（百姓尊奉国君，热爱他好像父母，尊仰他好像日月，敬重他好像神灵，害怕他好像雷霆。——沈译）《昭公元年》："日月星辰之神，则雪霜风雨之不时，于是乎禜（yíng）之。"（日月星辰的神灵，遇到雪霜风雨不合时令，就向他们祭祀禳灾。——沈译）《孟子·公孙丑下》："古之君子，其过也，如日月之食，民皆见之，及其更也，民皆仰之。"（古代的君子，他的过错，好像日蚀月蚀一般，老百姓个个都看得到，当他改正的时候，个个都抬头望着。——杨译）

2. 太阳月亮的升起落下，循环往复，代表时间的消逝。例如《尚书·洪范》："日月之行，则有冬有夏。"（由于太阳月亮的运行，才有了冬天和夏日。）《礼记·礼器》："故作大事，必顺天时，为朝夕必放于日月。"（所以，要做大事业，一定要顺应天时；设置计时器，一定要依据太阳月亮的运行。）

3. "逝"的主语或逝去的多为具体事物或人物，没见过表示时间这类抽象概念的名词。例如《论语·雍也》："君子可逝也，不可陷也。"（君子可以叫他远远走开不再回来，却不可以陷害他。——杨译）《子罕》："子在川上曰：'逝者如斯夫，不舍昼夜。'"（孔子在河边上，说："流逝的

253

就像这个一样吧——日夜而不停！"）《孟子·万章上》："（鱼）少则洋洋焉，攸然而逝。"（一会儿，鱼摇摆着尾巴活动起来了，突然间远远地不知去向。——杨译）《晏子春秋·内篇谏下》："君不听臣，臣将逝矣。"（君上不听小臣的劝告，小臣将要离得远远的了。）

由于以上三点原因，我们不将本章的"日月"看作时间词，而理解为太阳、月亮。

【点评】这是通过考察词义特征的例子，对象是"日月"和"逝"。但不是解决歧义，而是直接提出研究者自己的看法并论证之。

十八、《阳货》第5章

公山弗扰以费畔，召，子欲往。子路不说，曰："末之也已，何必公山氏之之也？"

子曰："夫召我者，而岂徒哉？如有用我者，吾其为东周乎？"

【译文】公山弗扰盘踞费邑要造反，叫孔子去，孔子准备去。子路很不高兴，说："没有地方去了吗？为什么一定要去公山氏那里呢？"

孔子说："那个叫我去的人，难道是白白召我吗？如果有人用我，我大概会使周文王武王之道在东方复兴吧！"

【考证】吾其为东周乎

这句话有两个解释。第一解为何晏《集解》："兴周道于东方，故曰'东周'。"（复兴周文王武王之道于东方的鲁国，所以说是"东周"。）皇侃、邢昺（bǐng）、朱熹都采纳它。邢昺说："如有用我道者，我则兴周道于东方，其使鲁为周乎！"（如果有采纳我的主张的，我会将周文王、武王之道在东方的鲁国复兴，会将鲁国打造成另一个周国吧！）这是用疑问语气表示肯定，"吾其为东周乎"应直译为："我这儿大约就是东方之周吧？"

第二解为清代刘宝楠、戴望所说。例如戴望说："如有用我者，当继文武之治，岂犹为东周乎？"（如果有重用我的，我会重铸周文王武王天下大治的辉煌，难道仅仅是做一个东方之周吗？）如果这样理解，就是用反问表示否定，"吾其为东周乎"应直译为："我难道只是复兴一个东方的周国吗？"

我们赞同前说。因为上古汉语中，"其为……乎"格式都是用疑问语气表示肯定，表示"该会是……吧"。例如《左传·桓公十七年》："高伯其为戮乎？复恶已甚矣。"（高伯恐怕要被诛戮的吧？报仇报得太过分了。——沈译）《襄公二十一年》："子离于罪，其为不知乎？"（您得了罪过，恐怕是不聪明吧？——沈译）《定公十二年》："殿而在列，其为无勇乎？"（殿后而呆在队列里，恐怕是缺乏勇气吧？——沈译）《哀公元年》："越十年生聚，而十年教训，二十年之外，吴其为沼乎！"（越国用十年繁衍集聚，用十年教育训练，二十年以后，吴国的宫殿恐怕要成为池沼了！——沈译）

试比较两段引文。第一段出自《晏子春秋·内篇问下》："晏子对曰：'此季世也，吾弗知齐其为田氏乎？'"（晏子回答说："这到了末世了，我不知道齐国会不会最终属于田氏呢？"）第二段出自《左传·昭公三年》："晏子曰：'此季世也，吾弗知齐其为陈氏矣！'"（晏子说："这到了末世了，我不能不说齐国可能属于陈氏了。"）田氏，就是陈氏。这一用疑问语气表示肯定和用叙述句表示肯定的对比，颇能说明问题。我们一贯主张：1.对于较早的注解，没有语言上的坚强证据，是不能轻易推翻的；2.从情理而非从语言出发推翻古注尤其不可靠；3.采纳晚近的新说时尤其要慎重。这一例能够证明这三点。

【点评】这一例的歧义，一方是三国曹魏时何晏提出的，一方是清末刘宝楠、戴望提出的，这就和第16例有所不同——在研究之前我们可以预判后一说可能靠不住。尽管如此，研究时仍然不要带有倾向性，要依据审句例也就是考察分布的结论来做最后判断。不出所料，从沈玉成好些"其为……乎"格式的句子的译文来看，该格式都是用疑问语气表示肯定的。

十九、《阳货》第 15 章

子曰："鄙夫可与事君也与哉？其未得之也，患得之。既得之，患失之。苟患失之，无所不至矣。"

【译文】孔子说："乡巴佬，难道能和他一道侍奉君主吗？当他没得到的时候，会为是否得到而忧虑。已经得到，又为是否失去而担忧。假如总担心失去，就什么事都做得出来了。"

【考证】患得之

古今诸多学者认为"患得之"上掉了一个"不"字，这似乎已成铁案。所以，现在许多《论语》注本，都直接加上"不"字，成为："其未得之也，患不得之。既得之，患失之。"我们以为，这一说法未必可信。理由如下：

1.迄至战国中期，文献中未见"不得之"。当"得"为"获得""取得"义时，"得之"的否定形式都是"不得"，而且往往和"得之"相对而言。如《左传·襄公二十八年》："求崔杼之尸，将戮之，不得。叔孙穆子曰：'必得之。'"（求取崔杼的尸体，打算戮尸，找不着。叔孙穆子说："一定找得着的。"——沈译）《孟子·公孙丑下》："不得，不可以为悦；无财，不可以为悦。得之为有财，古之人皆用之，吾何为独不然？"（好材料不能得到，当然不称心；没有财力买那好材料，还是不称心。

好材料最终到手了，当然就是有财力，古人又都这样做了，我为什么单单不这样做呢？）《告子上》："心之官则思，思则得之，不思则不得也。"（心这个器官职在思考，〔人的善性，〕一思考便得着，不思考便得不着。——杨译）

还有另外一些动词，当宾语"之"不被强调时，其否定形式中"之"也不出现。如《论语·为政》："知之为知之，不知为不知，是知也。"（知道就是知道，不知道就是不知道，这就是聪明智慧。——杨译）《子路》："君子易事而难说也。说之不以道，不说也。"（在君子底下工作很容易，讨他的欢喜却难。不用正当的方式去讨他的欢喜，他不会欢喜的。——杨译）《宪问》："桓公杀公子纠，召忽死之，管仲不死。"（齐桓公杀了他哥哥公子纠，公子纠的师傅召忽因此自杀，但是他的另一师傅管仲却活着。——杨译）也就是说，存在一些要么是"V之"（V，动词），要么是"不V"，而一般不以"不V之"形式出现的动词；而"得"就是这类动词的典型。

综上，既然"不得之"不可能出现在《论语》成书时代的典籍中，说"患得之"句中脱去"不"，恐怕很难成立。

2. 连词"既"两边的成分具有一致性。既然后句为"既得之"，前句就不可能是"患不得之"，而只能是"患得之"。换言之，如果前句为"患不得之"，后句也必须是"既不得之"。

连词"既"是由表示"已经"义的副词发展变化而来的，它仍然保留副词"既"的词义特征。因此，当"既"两边出现相同成分时，只能两边同为肯定，不能出现一边否定一边肯定的情形。我们调查了《论语》《左传》《国语》和《孟子》四部古籍中348例"既"（本章的"既"不在内），未见例外。仅举《论语》的两例。《子路》："子曰：'庶矣哉！'冉有曰：'既庶矣，又何加焉？'曰：'富之。'曰：'既富矣，又何加焉？'曰：'教之。'"（孔子道："好稠密的人口！"冉有道："人口已经众多了，又该怎么办呢？"孔子道："使他们富裕起来。"冉有道："已经富裕了，又该怎么办呢？"孔子道："教育他们。"——杨译）《季氏》："夫如是，故远人不服，则修文德以来之。既来之，则安之。"（做到这样，远方的人还不归服，便再修仁义礼乐的政教来招致他们。他们来了，就得使他们安心。——杨译）

3. 将本章与《老子》第13章相比较："何谓宠辱若惊……得之若惊，失之若惊，是谓宠辱若惊。"（什么叫作得宠和受辱都感到惊慌失措？……得到恩惠感到心惊不安，失去恩惠也觉惊恐慌乱，这就叫作得宠和受辱都感到惊慌失措。——陈译）可知"患得患失"与"得之若惊，失之若惊"意义是相通的；至少说明当时语言中是有着类似说法的，也就是说，这种表达在当时语言中并无不通。

鉴于以上各点，我们认为，不能确定"患得之"中脱去了"不"字。

【点评】本书这一讲的第2例、第6例、第11例、第15例、第17例，其结论几乎都是一边倒，而我们的结论则反了过来。但以上那几例都不如这一例这般几乎已成定论，以至于很多《论语》注本都直接在原文中加上了"不"字。我们审句例的结果是，这一"定论"并不可靠。湖南师大王大年先生的《训诂语法论集》（岳麓书社2015年出版）中也有一篇是质疑这一"定论"的，他老是从动词用法着手的，言之有据，可以参考。

二十、《微子》第3章

齐景公待孔子曰："若季氏，则吾不能；以季、孟之间待之。"曰："吾老矣，不能用也。"孔子行。

【译文】齐景公讲到对待孔子的打算时说："用鲁君对待季氏的规格对待孔子，那我做不到；我要用次于季氏而高于孟氏的待遇来对待他。"不久，又说："我老了，没有什么作为了。"孔子离开了齐国。

【考证】曰："吾老矣，不能用也。"

这两句话有两点歧义。首先，是齐景公说的，还是孔子说的，有不同解释。其次，如果是齐景公说的，是景公说自己"不能用"，还是说不能用孔子，也有不同解释。

我们先来论证这两句话到底是谁说的。

　　按照曹魏时何晏的意思，这两句话是孔子说的。孙钦善先生《论语本解》采纳此说："孔子不满齐景公给他的待遇，托辞年老而不接受。"并译为："孔子说：'我已经老了，不能做什么了。'"但《史记·孔子世家》记载得明明白白："景公曰：'吾老矣，弗能用也。'孔子遂行。"杨伯峻先生《论语译注》采纳此说，他译这一章为："齐景公讲到对待孔子的打算时说：'用鲁君对待季氏的模样对待孔子，那我做不到；我要用次于季氏而高于孟氏的待遇来对待他。'不久，又说道：'我老了，没有什么作为了。'"我们认为《史记·孔子世家》所记载的是可靠的，"吾老矣，不能用也"确实是齐景公所说。理由如下：

　　1. 如果这话是孔子所说，根据《论语》行文规律，作为主语的"子"或"孔子"必须在"曰"前出现。此处没有出现，所以，"吾老矣，不能用也"只能是前文出现的主语"齐景公"说的。《论语》的每一章，孔子所说的第一段话（直接引语，即用引号标出的），一般前面都有"子曰"，或"孔子曰"，前者例太多，不举，后者多集中在《季氏》。也有若干章，在孔子所说的第一段话之前，"子"和"曰"之间还有其他文字，甚至可以断作两句或三句的。例多，不举。

　　只有三处例外。《述而》："冉有曰：'夫子为卫君乎？'子贡曰：'诺，吾将问之。'入，曰：'伯夷、叔齐何人也？'曰：'古之贤人也。'"（冉有道："老师赞成卫君吗？"

子贡道："好罢，我去问问他。"子贡进到孔子屋里，道："伯夷、叔齐是什么样的人？"孔子道："是古代的贤人。"——杨译）《子罕》："子疾病，子路使门人为臣。病间，曰：'久矣哉，由之行诈也！'"（孔子病得厉害，子路便命孔子的学生组织治丧处。很久以后，孔子的病渐渐好了，就道："仲由干这种欺假的勾当竟太长久了呀！"——杨译）《先进》："颜渊死，子哭之恸。从者曰：'子恸矣！'曰：'有恸乎？非夫人之为恸而谁为？'"（颜渊死了，孔子哭得很伤心。跟着孔子的人道："您太伤心了！"孔子道："真的太伤心了吗？我不为这样的人伤心，还为什么人伤心呢？"——杨译）但这三处例外中，"夫子"和"子"都在前文中作为主语出现过，而且根据前文都可以准确判断"曰"未出现的主语是谁。本章则不同。"孔子"既未作为主语出现，根据前后文也难以判断"吾老矣，不能用也"是谁说的。

2．"吾老矣，不能用也"的下文"孔子行"也说明这句话不是孔子说的，否则，依《论语》行文规律，"孔子"不必出现。《微子》第4章："齐人归女乐，季桓子受之，三日不朝，孔子行。"（齐国送了许多歌姬舞女给鲁国，季桓子接受了，三天不问政事，孔子就离职走了。——杨译）第5章："楚狂接舆歌而过孔子曰：'凤兮凤兮！何德之衰？往者不可谏，来者犹可追。已而，已而！今之从政者殆而！'孔子下，欲与之言。"（楚国的狂人接舆一面走过孔子的车子，一面唱着歌，道："凤凰呀，凤凰呀！为什么这么倒霉？过去的不能再挽回，未来的还可不再着迷。算了吧，算了吧！现在的执政诸公危乎其危！"孔子下车，想同他谈谈。——杨译）这两章"孔子行"和"孔子下"前紧接着的文字的主语都是他人，当动作的发出者改变时，主语"孔子"便出现了。本章似乎也不能例外，即本章"孔子行"前面的说话者并非孔子，而是他人。

和《论语》同时代同地域的其他书也是如此。《左传·庄公四年》："邓曼叹曰：'王禄尽矣……'王遂行，卒于樠木之下。"（邓曼叹气说："君王的福禄尽了……"楚武王于是出征，死在樠树下面。——沈译）《成公十一年》："妇人曰：'鸟兽犹不失俪，子将若何？'曰：'吾不能死亡。'妇人遂行。"（这个女人对丈夫说："鸟兽都不肯丢失配偶，您打算怎么办？"她的丈夫说："我不能够因此死去或者逃亡。"这个女人就随郤犨走了。——沈译）《襄公二十八年》："荣成伯曰：'远图者，忠也。'公遂行。"（荣成伯说："长远打算的人，是忠诚的。"襄公就继续前进。）《昭公二十五年》："仲几对曰：'君若以社稷之故……臣不忍其死，君命只辱。'宋公遂行。"（仲几回答说："君王如果由于国家的缘故……下臣不愿这样地死去，只能不奉君王的命令。"宋公就动身了。——沈译）

3. 与此相关，本章"曰"之前没有出现的主语若是孔子，依当时文法，应当不是"孔子行"，而是"遂行"或"乃行"。
这也说明，本章第二个"曰"没有出现的主语，不应该是孔
子。以《论语》和《左传》为例。《卫灵公》："卫灵公问
陈于孔子。孔子对曰：'俎豆之事，则尝闻之矣；军旅之事，
未之学也。'明日遂行。"（卫灵公向孔子问军队陈列之法。
孔子答道："礼仪的事情，我曾经听到过；军队的事情，从
来没学习过。"第二天便离开卫国。——杨译）《左传·襄
公十四年》："（蘧伯玉）对曰：'君制其国，臣敢奸之？
虽奸之，庸如愈乎？'遂行，从近关出。"（蘧伯玉回答说：
"国君控制他的国家，下臣哪里敢冒犯他？即使冒犯了他，
〔立了新的国君，〕难道能确知〔比旧的国君〕强吗？"于
是就从最近的关口出国。）《襄公二十六年》："伯玉曰：'瑗
不得闻君之出，敢闻其入？'遂行，从近关出。"（蘧伯玉
说："瑗没有能听到国君的出走，岂敢听到他的进入？"于
是就出走，从近处的城门出国。）《襄公二十七年》："（石
恶）且曰：'受命矣。'乃行。"（石恶姑且说："接受使
命了。"于是就动身了。）《昭公十三年》："观从谓子干
曰：'不杀弃疾，虽得国，犹受祸也。'子干曰：'余不忍
也。'子玉曰：'人将忍子，吾不忍俟也。'乃行。"（观
从对子干说："如果不杀死弃疾，虽然得到国家，还会受到
灾祸。"子干说："我不忍心哪。"观从说："别人会对您
忍心的，我不忍心等下去了。"于是就走了。——沈译）《昭

公二十五年》："公曰：'余不忍也。'与臧孙如墓谋，遂行。"（昭公说："我不忍心哪。"和臧昭伯去到祖坟上辞别祖宗，并且商量逃亡的事，动身走了。）以上各例中的说话者和"行"的主语都是同一人，"行"都没有主语。

再来论证"吾老矣，不能用也"是景公说自己不能用，还是说不能用孔子，我们以为前一说是可信的。

当时语言中，如果是景公说不能用孔子，则"用"的后面要带宾语。反之，如果"用"的后面没带宾语，则"用"的受事（即"用"的是谁）都指"用"前面的受事主语（主语是动作的承受者，如"饭吃了"的"饭"，以及下面例句中的"犁牛之子""民""师"等），或前一句子出现的某人或某些人。当"用"的是"人"时，这一规律是适用的。仅以《论语》为例，《述而》："子谓颜渊曰：'用之则行，舍之则藏，唯我与尔有是夫！'"（孔子对颜渊道："用我呢，就干起来；不用呢，就藏起来。只有我和你才能这样吧！——杨译）《子路》："苟有用我者，期月而已可也，三年有成。"（假若有用我主持国家政事的，一年便差不多了，三年便会很有成绩。——杨译）《季氏》："危而不持，颠而不扶，则将焉用彼相矣？"（譬如瞎子遇到危险，不去扶持，将要摔倒了，不去搀扶，那又何必用那导盲人呢？——杨译）《阳货》："如有用我者，吾其为东周乎！"（假若有人用我，我将使周文王武王之道在东方复兴。——杨译）以上四例都是"用"后带宾语的。

以下各例则是"用"后不带宾语的。《雍也》："犁牛之子骍且角，虽欲勿用，山川其舍诸？"（耕牛的儿子长着赤色的毛，整齐的角，虽然不想用它作牺牲来祭祀，山川之神难道会舍弃它吗？——杨译）《左传·庄公二十七年》："夫民让事乐和，爱亲哀丧而后可用也。"（百姓谦让、和协，对亲属爱护，对丧事哀痛，这才可以使用。——沈译）《僖公四年》："师老矣，若出于东方而遇敌，惧不可用也。"（军队在外头久了，如果往东走而遇到敌人，恐怕是不能打硬仗了。——沈译）《僖公二十八年》："晋侯登有莘之虚以观师，曰：'少长有礼，其可用也。'"（晋侯登上有莘的废城观看军容，说："年少的和年长的排列有序，合于礼，可以使用了。"——沈译）《襄公二十八年》："婴之众不足用也，知无能谋也。"（婴的一伙人不足以使用，聪明也够不上出谋划策。——沈译）《昭公五年》："有子家羁，弗能用也。"（有子家羁，而不能任用。——沈译）《哀公十六年》："夏四月己丑，孔丘卒。公诔之曰：'旻天不吊，不慭遗一老……呜呼哀哉！尼父。无自律。'子赣曰：'……生不能用，死而诔之，非礼也。'"（夏四月十一日，孔丘死。哀公致悼词说："上天不肯暂时留下这一位国老……呜呼哀哉！尼父。失去了我的榜样了。"子赣说："……活着不能任用，死了又致悼词，这不合于礼。"——沈译）以上诸例中，第一例"勿用"，指的是上文出现的"犁牛之子"；第二例指"民""可用"；第三例指"师""不可用"；第四例指"师""可用"；第五例指"婴之众""不足用"；第六例指"子家羁""弗能用"；第七例指"孔丘""生不能用"。以上各例中，"用"的对象都是上文出现的某人或某些人，由此类推，"吾老矣，不能用也"当然也是指"吾""不能用也"。由此可知杨伯峻先生《论语译注》的译文是准确的。

当然，"用"被"勿""可""能"等修饰时，常常不带宾语，但这和它的受事常常是它前面的受事主语并不矛盾。因为当它被这些类副词修饰时，其受事常常都是受事主语而非受事宾语。

【点评】大家可能注意到了，最后这一例很长。这一例实际上可以拆成两例：第一例证明主语没有出现的"曰"的发出者究竟是齐景公还是孔子，第二例证明"不能用也"是齐景公说自己不能用还是不能用孔子。另外，这一例不像其他"考证"那样，只是围绕着一个简单句或一个复句进行，这一例的考察范围更大，已经属于篇章语法的研究范畴了。

尾声：继续深造的办法

如果你读了本书之后，还想进一步深造，该怎么办呢？

一、要读一定量的古书

在读的过程中，精度和泛读要结合，这样有利于建立语感。精读，就是选取一些篇幅不大的古籍的全本（如《论语》《孟子》《老子》），或者一些篇幅较大的古籍的选本（如《庄子》《左传》《史记》），读原文、注释及译文，反复诵读之。《老子》五千字，《孟子》三万多字；《论语》居中，共一万多字，且分为20篇，每篇又分为数章至四十几章不等，平均每篇二十几章，较之《老子》《孟子》，又更适合精读。

泛读呢，就是基本上不看注释，囫囵吞枣地大量地读。有三分之二以上的不懂的地方，会在反复出现以后自己弄懂。直到最后，才翻阅字典词典，把一些老大难的问题查清楚。最适合泛读的，我认为是《史记》，尤其是其中的人物传记部分。

以前似乎只强调精读和背诵，这当然也不错。但是，这也是当时私塾教育缺乏大量书籍的不得已之举。现在电子时代，书籍的获得已不成问题，没必要死守师训，只精读背诵而不泛读，否则容易导致枯燥而难以坚持。鲁迅称《史记》为"史家之绝唱，无韵之《离骚》"，里头的人物传记故事性强，读之令人心生向往。较之背诵，有趣多了。

二、要了解一点古书的注解以及训诂学

直接读古人注的古书，恐怕一下难以读懂，暂时不推荐。但可以读读今人译注古书的代表作：中华书局的"中国古典名著译注丛书"就是佼佼者，如其中的杨伯峻先生的《论语译注》和《孟子译注》，陈鼓应先生的《老子今注今译》和《庄子今注今译》，初学者都可一读。

至于训诂学，各种本子可就多了。周大璞先生的《训诂学要略》比较精练，可作入门之用。

三、要了解一点理论语言学和语法学

大家如果愿意读索绪尔《普通语言学教程》、布龙菲尔德《语言学》、萨丕尔《语言学》以及乔姆斯基各个时期的著作当然最好。如觉得艰深，可读胡明扬先生主编的《西方语言学名著导读》。

遗憾的是，迄今没有理想的古汉语语法书。杨伯峻先生的《文言语法》可供初学者一用。